MADELEINE DELBRÊL

José Luis Vázquez Borau

Madeleine Delbrêl

Una mística en el mundo obrero

SAN PABLO

José Luis Vázquez Borau (Barcelona, 1946), doctor en Filosofía y en Teología, trabaja como profesor y escritor especializado en ciencias religiosas y espiritualidad. Es presidente de honor del Instituto Emmanuel Mounier de Cataluña, presidente de RIES (Red Iberoamericana de Estudio de las Sectas) y fundador de la Comunidad Ecuménica Horeb-Carlos de Foucauld. Ha publicado numerosas obras de filosofía, teología, religiones, espiritualidad y semblanzas de personajes y santos como Maximiliano Mª. Kolbe, Carlos de Foucauld o Edith Stein.

© SAN PABLO 2024
   Protasio Gómez, 11-15. 28027 Madrid
   Tel. 917 425 113
   secretaria.edit@sanpablo.es - www.sanpablo.es
© José Luis Vázquez Borau, 2024

Distribución: SAN PABLO. División Comercial
Resina, 1. 28021 Madrid
Tel. 917 987 375
ventas@sanpablo.es
ISBN: 978-84-285-7203-3
Depósito legal: M. 21.182-2024
Impreso en LiberDigital
Printed in Spain. Impreso en España

Señor, haznos vivir nuestra vida,
no como una partida de ajedrez
donde todo está calculado,
no como un partido donde todo es difícil,
no como un teorema que nos rompe la cabeza.
Pero sí como una celebración interminable
donde tu encuentro se renueva.
¡Como una pelota, como una danza
entre los brazos de tu gracia,
en la música universal del Amor!

MADELEINE DELBRÊL, *Mi vida como un baile*

Introducción

Madeleine Delbrêl es una maestra de vida espiritual, pues unifica en su vida estas tres dimensiones: poeta, asistenta social y mística. El cardenal Martini la consideraba como una de las grandes místicas del siglo XX. Tuvo una vivencia de la fe cristiana en un ambiente muy descristianizado, en la Francia de mediados del siglo pasado y fue protagonista de la época precursora del concilio Vaticano II. Vivió gran parte de sus años en las periferias parisinas (Ivry-sur-Seine), pero no fue una mujer periférica, pues estuvo en el corazón de la vida de la Iglesia francesa.

«Madeleine Delbrêl, asistente social, ensayista y poetisa, nació el 24 de octubre de 1904 en Mussidan (Francia), un pueblo de la Francia profunda del suroeste, y falleció el 13 de octubre de 1964 en Ivry-sur-Seine (Francia). Era hija única. Su padre trabajaba en los ferrocarriles y tuvo varios destinos hasta que llegó a París en 1916»[1].

---

[1] P. RODIER, *¿Quién es Madeleine Delbrêl?*, en Alfa y Omega 1255 (31 de marzo de 2022).

Su familia era indiferente a la religión. A los doce años de edad Madeleine conoció a algunos sacerdotes que la despertaron a la fe y a los diecisiete a algunos intelectuales que la alejaron de esta. «Madeleine era muy inteligente, tenía dotes para la poesía, la filosofía y la música. Siguió sus estudios en la Sorbona y, poco a poco, en el ambiente estudiantil, se fue deshaciendo de su infancia religiosa. Llegó incluso a un cierto ateísmo y, en 1917, declaró: "Dios ha muerto, viva la muerte"»[2]. Se convirtió definitivamente a los veinte años. Algunos años después fue descubriendo en su entorno a unos jóvenes cristianos y su fe, muy comprometida, la sedujo. «Después de meses de un cierto desconcierto y lucha interior, sintió que Dios iba a su encuentro. Era muy discreta sobre su conversión, pero no dejó durante toda su vida de referirse a ella: el 29 de marzo de 1924»[3].

Deslumbrada por Dios, fue a la parroquia más cercana de donde vivía en el centro de París, Saint Dominique, y el padre Lorenzo la fue introduciendo en el camino de la fe. «A los veinte años –dirá años más tarde Madeleine– fui literalmente "deslumbrada por Dios"; lo que había encontrado en Él no lo había encontrado en nada. Fue el abad Lorenzo quien hizo estallar, para mí, el evangelio, el cual se convirtió no solo en el libro del Señor vivo, sino en el libro del Señor para ser vivido»[4].

---

[2] *Ib.*
[3] *Ib.*
[4] Cf D. ROCCHETI, *Madeleine Delbrêl, una donna di fuoco*, en https://www.amicidilazzaro.it/index.php/madeleine-delbrel-

«Entró en el escultismo. Descubrió la miseria escondida de muchos ancianos en estos barrios céntricos y, más tarde, conoció la miseria que se vivía en el llamado "cinturón rojo" de París. Ayudada por el padre Lorenzo y por compañeras de escultismo, decidió dejar su barrio de París e irse a vivir a un municipio obrero. Con unas amigas se trasladó a Ivry, la "capital" del comunismo francés. Querían servir a la Iglesia local, a los pobres y a los no creyentes. A partir de esta fecha empezó para ella una verdadera aventura, llena de confianza en la gracia de Dios»[5]. Madeleine terminó sus estudios de asistente social y fue contratada por el ayuntamiento en los servicios sociales. Era competente y tenía una gran capacidad de empatía. Lo vivía todo como creyente en Jesús. No tenía afán de proselitismo ni estrategia de evangelización. «Nosotros, gente de la calle –dirá–, creemos con todas nuestras fuerzas que estas calles, este mundo en el que Dios nos ha puesto, es para nosotros el lugar de nuestra santidad».

Fue una asistente social muy activa y trabajó en la barriada obrera del extrarradio de Ivry-sur-Seine, que tenía autoridades municipales comunistas. Se enfrentó entonces con el ateísmo marxista, sin dejar de anunciar el Evangelio, a contracorriente. Al contactar con una población

---

una-donna-di-fuoco/, citado en D. FARES, *Madeleine Delbrêl. Per costruire una Chiesa più amabile e amorevole*, en https://www.laciviltacattolica.it/articolo/madeleine-delbrel/.

   [5] RODIER, *a.c.*

descristianizada, y a veces hostil al cristianismo, nos habla de la fe vivida sobre el terreno, rezando en el metro, en el tren de cercanías, en el centro comercial, en el centro de salud, etc. Lo cotidiano es siempre nuevo. No hay nada que no sea importante. Dios está donde se hallan esos rostros de los hombres y las mujeres de la vida diaria.

Madeleine se interesaba por todos. «Favorecía el diálogo de tú a tú sin ningún complejo: "En un mundo sin Dios, indiferente –dirá–, hay hombres y mujeres que intuyen a Dios. Es el gran misterio. Es importante decirle al mundo: "Dios está en ti. No lo imagines fuera de ti en un cielo inasequible"»[6]. Dialogaba siempre en defensa de los trabajadores, con su compromiso evangélico. La fe, decía, «no es un contrato intelectual, sino una alianza con Dios en la vida y para toda la vida. Madeleine era una mujer fuerte pero a veces su salud se resentía. Era humilde y paciente. ¿Cuál era su gran secreto? Un gran conocedor suyo, el padre Pitaud, PSS, lo resume así: "Antes de que Dios se hiciera Alguien para ella, todo estaba colocado bajo el signo de la muerte, la muerte absurda. Ella descubre al Dios vivo en un deslumbramiento que no cesará jamás. La vida ya no está limitada por la muerte; la muerte ya no es la parada definitiva de la vida, la muerte es el paso de la vida a la Vida. Se trata de vivir la vida invadida por la eternidad de Dios"»[7].

---

[6] Ib.
[7] Ib.

Sus escritos manifiestan dotes poéticas y, sobre todo, una profunda vida mística. Es considerada por muchos como una de las personalidades espirituales más importantes del siglo XX. Se ha introducido en Roma su causa de beatificación. Decía: «Si vas al fin del mundo, encontrarás la huella de Dios; si vas al fondo de ti mismo, encontrarás a Dios». Nosotros, ahora, queremos detectar cuál es el influjo inspirador de su camino evangélico, su camino interior. Y podemos afirmar que es la espiritualidad de Carlos de Foucauld, como intentaremos demostrar.

¿Quién era Madeleine Delbrêl?

¿Quién era esta mujer que escribía estupenda-mente, que trabajaba codo con codo con sus com-pañeros comunistas en el ayuntamiento de Ivry como asistente social, que era amiga y consejera de los curas obreros y a la que algunos obispos pidieron su opinión en los trabajos preparatorios del concilio Vaticano II? Madeleine Delbrêl, nacida en 1904 y fallecida en 1964, fue asistente social, escritora y mística, y vivió durante más de treinta años en la periferia pobre y obrera de París. Una compañera de Madeleine, Christine de Boismarmin, nos brinda su mejor retrato: «Vista de lejos, daba el perfil de una mujer sutil, ágil y frágil, pero su porte y cada gesto trasuntaban la energía y la decisión de un viejo combatiente en quien el reflejo de estar preparado para entrar en acción, siguiendo las órdenes recibidas, ha dejado huellas indelebles. Si uno se acercaba a ella, apa-recían sus ojos: grandes, luminosos, color marrón claro, que te miraban con atención. Incluso si no tenías ganas de hablar hasta ese momento, algo hacía que se entablara un diálogo, una conversación, en el sentido profundo, etimológico de la palabra. Si no eras capaz de hablar o si no tenías necesidad, todo podía limitarse a un apretón de manos, a una mirada profunda. Pero, si dejándote atraer por la expresión de su rostro, te animabas a correr el riesgo de dejar entrever un poco de tu alegría o de tu pena, entonces todo su rostro se animaba, como si el viento hiciera temblar la superficie transparente del agua: las expresiones de la compasión, de la comprensión auténtica, del sufrimiento realmente sentido, permitían ver, como a través de una puerta entreabierta, el inmenso camino que había tenido que recorrer esta mujer para llegar a generar encuentros así»[1].

Debido a los traslados por el trabajo de su padre y a su frágil salud, Madeleine recibió una formación no convencional. Madeleine fue una niña y después una joven equilibrada. Fue muy amada por sus padres; las divisiones a las que llegó la pareja se produjeron en una época en la que su madurez psíquica estaba, si no terminada, al menos ya muy avanzada. Ella sufrió, sin duda, pero el conflicto no llegó a abrir una

---

[1] La biografía de referencia de Madeleine está publicada en francés, italiano y alemán. La escribió Christine de Boismarmin, una de las compañeras que la conoció: C. DE BOISMARMIN, *Madeleine Delbrêl, 1904-1964. Rues des villes, chemins de Dieu* (presentación de Jacques Loew), Nouvelle Cité, París 2004.

brecha en su personalidad. De otra forma no hubiera sido capaz de vivir con tal equilibrio las múltiples tensiones a las que tuvo que hacer frente durante toda su vida. Ella misma devolvió a sus padres su amor con enorme ternura y delicadeza. Las pocas cartas a su madre que se conservan testimonian una relación de una calidad excepcional y de una confianza conmovedora. Y su actitud hacia su padre durante el período de su enfermedad es testigo de una presencia atenta y cariñosa, a pesar de las ofensas que a veces podía recibir. A su llegada a París, Jules Delbrêl estaba no poco orgulloso de su joven hija que tenía una inteligencia tan viva: la llevaba con él al salón parisino del doctor Armaingaud, donde se hablaba de literatura y filosofía, y seguía de cerca sus primeros ensayos poéticos, en los que ella imitaba a su padre. En efecto, Jules Delbrêl se vanagloriaba de ser poeta en sus ratos libres. A los doce años quiso hacer la primera Comunión, fervientemente, pero a partir de entonces, debido a la relación con los amigos cultos y no creyentes de su padre, a los diecisiete años, se declara atea. Madeleine es muy inteligente, con dotes para la poesía, la filosofía y la música. Sigue sus estudios en la Soborna y, poco a poco, en el ambiente estudiantil, se va deshaciendo de su infancia religiosa. Algunos años después va descubriendo en su entorno a unos jóvenes cristianos y su fe comprometida, la seduce. Dios abre una brecha en su vida y Madeleine, deslumbrada, se convierte en 1924. Al reflexionar que no es rigurosamente imposible que Dios exista, decide tratarlo como una persona viva y, en consecuencia, comienza a rezar[2]. Marcó su vida el encuentro con Jean Maydieu, joven del que se enamora pero que la dejará para entrar en los dominicos en 1925[3]. El Evangelio «le explotó» en el corazón y la convirtió de atea de un dios abstracto en creyente fiel del Dios vivo, una persona a quien se puede amar. Deslumbrada por el encuentro con el Señor, escribió: «Una vez que hemos conocido la palabra de Dios, no tenemos derecho a no recibirla; una vez recibida no tenemos derecho a no dejar que se encarne en nosotros, una vez encarnada en nosotros no tenemos derecho a tenerla para nosotros: desde ese momento pertenecemos a aquellos que la esperan»[4].

---

[2] Cf D. FARES, *Madeleine Delbrêl (1904-1964), para construir una Iglesia más amable y amorosa*, en La Civiltà Cattolica (8 de octubre de 2021), en https://www.laciviltacattolica.es/2021/10/08/madeleine-delbrel-1904-1964/.

[3] Dos años más tarde de dejar su relación con Madeleine, Jean entró en los dominicos con el nombre de *frère* Augustin Maydieu. En 1939, durante la guerra, se incorporó en la artillería y fue hecho prisionero. Tras su liberación, volvió a la revista La Vie Intellectuelle como director. Sensible al escándalo de la pobreza y de la descristianización de las clases populares, tuvo relación con los sacerdotes obreros. Falleció a los cincuenta y cinco años tras una breve enfermedad.

[4] M. DELBRÊL, *La santidad de la gente sencilla*, Monte Carmelo, Burgos 2012, 71.

Un tremendo amor irrumpe en su vida

Madeleine es deslumbrada por Dios el 29 de marzo de 1924 y su manera de mirar y de situarse experimenta una gran transformación. Al explicar su conversión dice así: «La conversión es un acontecimiento violento, un momento decisivo que nos desvía de lo que sabemos de nuestra vida para que, frente a frente con Dios, nos diga lo que piensa de ella y lo que quiere hacer con ella. En ese preciso momento, Dios se vuelve supremamente importante, más que cualquier otra cosa, más que cualquier vida, aun y sobre todo, la nuestra. Sin esta primacía extrema, deslumbrante, de un Dios vivo, de un Dios que interpela, que propone su voluntad a nuestro corazón libre de responder "sí" o de responder "no", no hay fe viva»[5]. Con el tiempo Delbrêl asumirá la tarea de despertar en los demás el don de la fe, no solo en los que no la tienen, sino en los propios cristianos que están habituados a ella. Madeleine considera que el don de la fe lo recibimos para los demás: «Este despertar no puede lograrse si no comprendemos que la fe no es un deber, que Dios no es de nuestra propiedad, ni nuestro capital personal, que la fe es una felicidad prodigiosa y transformadora recibida de Dios, que amó al mundo, que amó a los hombres con un amor primero y gratuito»[6].

---

[5] ID, «Nosotros, gente común y corriente», en *Textos misioneros*, Lumen Humanitas, Buenos Aires 2008, 297-298.
[6] *Ib*, 19.

La guía del padre Lorenzo

Dos años después de su conversión encontró la guía del padre Lorenzo. En las cartas que le dirige entre marzo de 1930 y enero de 1935, manifiesta: «la gran necesidad que tengo de escribir lo que Jesús me dice para ser más fiel, consciente de que venimos a este mundo con una misión que cumplir, y se trata de descubrirla y seguirla, de no ser infiel a ella»[7]. Firma sus cartas como Madeleine de Jésus, lo que indica su intensa relación con Jesús, al igual que el hermano Carlos de Foucauld. Poco a poco va siendo conducida hacia el abandono espiritual y una sana despreocupación de sí misma. Para ella el amor a Dios excluye todo otro amor. Poco a poco va descubriendo su modo de oración. Por un lado la contemplación en el acontecer diario de un barrio pobre, como trabajadora social, por otro la oración de intercesión como un combate indispensable para la vida apostólica. En una carta al padre Lorenzo, Madeleine le expresa que en cada época hace falta una santidad nueva: «Cada tiempo está llamado a una santidad particular. Sería estropear el reino de Dios soñar para este siglo XX el tipo de santidad del siglo XIII»[8]. Para Delbrêl, la irradiación de la bondad es lo que puede mover a las personas

---

[7] ID, «Éblouie par Dieu. Correspondance I: 1910-1941» *Oeuvres complètes* vol. I, (Col. «Spiritualité»), Nouvelle Cité, Montrouge 2004, 44-54.
[8] *Ib*, 190.

alejadas de la fe: «El encuentro con un hombre realmente bueno produce, sobre otros hombres, algo que trasciende el orden del pensamiento: un verdadero fenómeno de oxigenación del corazón. Esos hombres se dan cuenta de que algo esencial a su vida humana les es devuelto»[9]. Para Madeleine sin la bondad se inhabilita el testimonio del Evangelio: «Haced lo que queráis con tal de que la bondad ocupe en vuestra vida un lugar proporcionado al lugar de Dios. Que ella sea la sombra proyectada en vuestro amor a Dios. Esta sombra única es visible a los ojos de los hombres»[10].

Los escritos de Madeleine Delbrêl

Después de su conversión y durante unos años, Madeleine continúa con sus actividades literarias y artísticas. Su mirada va evolucionando de la belleza de la naturaleza a la sordidez de los paisajes de la ciudad, donde se hace próxima y cálida. En los escritos de Delbrêl se nota su empeño por no hacer literatura, sino por sacar todo lo que se pueda a la palabra a Dios. En su meditación sobre el silencio hace notar que es activo: activa escucha de Dios. Y esto no lo impiden los ruidos normales, ni las palabras normales, de la vida. Lo impide

---

[9] ID, «La femme, le prête et Dieu. Au Coeur du mystère intime de l'Église», en *Textes Missionnaires*, vol. 3, Nouvelle Cité, Bruyères-le-Châtel 2011, 229.
[10] *Ib*, 232.

la posibilidad de que con sus palabras oculte la palabra de Dios. El 15 de marzo de 1956, Delbrêl señala que la razón que tiene para escribir es evitar caer un día u otro en la «literatura», lo que le parecería el peor de los males. Lo que pretende no es hacer un trabajo de síntesis, sino crear un dossier sobre diversos aspectos de la vida. De aquí la importancia que da a la *palabra de Dios:*

En nuestra vida, desde la mañana hasta la tarde, fluye entre las orillas de nuestra casa, de nuestras calles, de nuestras reuniones, la Palabra donde Dios quiere residir. En nuestro espíritu nos hace ser nosotros mismos a través de los actos de nuestro trabajo, de nuestros dolores, de nuestras alegrías, de nuestros amores, donde la palabra de Dios quiere permanecer. La frase del Señor que hemos arrancado del evangelio en la misa matutina o en el metro, o entre dos tareas domésticas, o por la noche en nuestra cama, ya no debe abandonarnos, como nos deja la vida o nuestra propia mente. Quiere fertilizar, modificar, renovar el apretón de manos que tendremos que dar, nuestro esfuerzo en nuestra tarea, nuestra mirada a quienes nos encontramos, nuestra reacción al cansancio, nuestro sobresalto ante el dolor, nuestra plenitud en la alegría. Quiere estar en casa dondequiera que estemos nosotros. Quiere ser nosotros mismos dondequiera que estemos. La palabra del Señor exige nuestro respeto; si nuestra vida tiene pausas posibles, quiere poseer un poco o muchas de esas pausas, exige que nuestra mente se ocupe exclusivamente de ella, quiere de ella el sacrificio de todo lo que vale menos que ella. Quiere que oremos por ella para olvidar todo lo que es tan poco a su lado... Que así sea[11].

---

[11] ID, *La alegría de creer*, Santander, Sal Terrae 1997, 22.

Un impacto evangélico irrumpe en Francia

El año 1921 aparece en Francia el libro del académico francés René Bazin, *Carlos de Foucauld, explorador de Marruecos y ermitaño en el Sáhara*[1], que removerá los cimientos tradicionales de la Iglesia francesa, llegando a influir en el concilio Vaticano II. Después de esto, se produce la conversión, tres años más tarde, de Madeleine Delbrêl. Son años de gran resurgimiento espiritual promovidos por Louis Massignon, Jacques y Raissa Maritain y René Voillaume, bajo el fuego ardiente de Carlos de Foucauld. Delbrêl es tocada por esta llama que la llevará años más tarde, en 1933, a crear una comunidad laica, La caridad de Jesús, en el barrio comunista de Ivry (París), justamente el mismo año en que inicia su camino a la Fraternidad de hermanos de Jesús en El-Abiodh (Argelia). Evidentemente existe un paralelismo en

---

[1] R. BAZIN, *Charles de Foucauld explorateur du Maroc, eremite au Sahara*, Plon, París 1921.

el nombre que dan a su comunidad con el nombre de Jésus-Caritas que había tomado Foucauld.

Cuando muere asesinado Carlos de Foucauld, el 1 de diciembre de 1916 en Tamanrasset (Sáhara argelino), Madeleine tenía doce años. Será más tarde, cuando conozca el testimonio de Foucauld y esto tendrá un gran impacto en su vida. Como dice Mariola López Villanueva, «en el Santo del desierto, como entonces se le conoce, encuentra los ejes de lo que irá desplegándose como su propia llamada: una ternura incondicional ante los rostros, la entrega confiada a las palabras del Evangelio, la adoración en la vida, el lugar central del crucificado y el espacio encarnado de la Eucaristía»[2].

La experiencia de las fraternidades de los Hermanos y Hermanas de Jesús estuvo, indudablemente, en la raíz de la vasta irradiación alcanzada por el mensaje espiritual del Hno. Carlos de Jesús. Ya que, según observa Pablo VI, al estar «particularmente de acuerdo con las necesidades y las aspiraciones del mundo de hoy, parece marcar en la historia de la Iglesia un acto de la providencia»[3]. Y será el hermano René Voillaume, que había participado de esa experiencia de modo singular como fundador de los Hermanos de Jesús, el que habrá de expresarla y, a la vez, ilu-

---

[2] M. López Villanueva, *Madeleine Delbrêl, una mística de la proximidad*, Sal Terrae, Santander 2023, 116.

[3] Pablo VI, *Carta a Mons. Mercier* (1 de diciembre de 1966), en Jésus-Caritas 145 (1967) 114.

minarla, con sus escritos y conferencias, en tanto se iba desarrollando. El influjo y la gravitación de su enseñanza se ven reflejados por la traducción de sus obras a diecinueve lenguas, así como por el hecho de que tantos «hombres y mujeres de los más diversos estados y condiciones» encontraran «en este mensaje la respuesta a sus más profundas inquietudes»[4].

La vida de Foucauld impactó en Madeleine Delbrêl

Carlos de Foucauld fue un mentor y guía espiritual para Madeleine Delbrêl. El ejemplo de Foucauld, que dejó una vida de riqueza y comodidades para vivir en la pobreza y la soledad del desierto, inspiró a Madeleine a buscar una vida más radical y comprometida con el Evangelio. En el libro de René Bazin, *Carlos de Foucauld, explorador de Marruecos y ermitaño en el Sáhara*, se narra cómo Carlos de Foucauld, que nació en Estrasburgo el 15 de septiembre de 1858, desde el momento mismo de su conversión, en 1886, no cesó de buscar el camino desde el que realizar su vocación religiosa, que se va clarificando con el paso del tiempo:

---

[4] C. Castro Cubelles, «Prólogo», en *Vida y corrientes en la espiritualidad contemporánea* L/I, XIX-XX, en AA.VV., *Historia de la espiritualidad*, vol. I, Flors, Barcelona 1969, 562.

Tan pronto como creí que había un Dios, comprendí que no podía hacer otra cosa sino vivir para Él: mi vocación religiosa data de la misma hora que mi fe. ¡Dios es tan grande! ¡Es tal la diferencia entre Dios y todo aquello que no es Él! Yo deseaba ser religioso, no vivir más que para Dios y hacer aquello que fuera lo más perfecto, sin importar qué... Mi confesor me hizo esperar tres años; yo mismo no sabía qué orden elegir: el Evangelio me mostró que «el primer mandamiento consiste en amar a Dios con todo el corazón» y que había que encerrarlo todo en el amor; cada uno sabe que el amor tiene por efecto primero la imitación; quedaba, pues, entrar en la orden donde yo encontrase la más exacta imitación de Jesús. Yo no me sentía hecho para imitar su vida pública en la predicación; tenía, por tanto, que imitar la vida oculta del humilde y pobre obrero de Nazaret. Me pareció que nada me presentaba mejor esta vida que la Trapa[5].

Estas intuiciones le acompañarán a lo largo de su vida, pese a «etapas imprevisibles, su vocación espiritual permanecerá idéntica a sí misma» (René Voillaume). Pasados varios años de vida cisterciense (1890-1897) notó, sin embargo, que no encontraba allí toda la pobreza que perseguía, conforme a su vocación a la «vida de Nazaret».

---

[5] CARLOS DE FOUCAULD, *Lettres à Henry de Castries*, Grasset, París 1938, 96-97.

Así pues, partió a Tierra Santa, donde permaneció tres años al servicio de las clarisas de Nazaret (1897-1899) y de Jerusalén (1899-1900), dividiendo su tiempo entre el trabajo manual, la lectura y la oración. Consagraba jornadas enteras a la oración y a la meditación del Evangelio. Este período fue para él como un largo retiro, y el noviciado de su vida espiritual futura.

Comenzó a considerar la posibilidad de una fundación eremítica en el monte de las Bienaventuranzas, por lo que volvió a Francia para prepararse para la ordenación sacerdotal, que recibió el 9 de junio de 1901. Y en sus retiros preparatorios al diaconado y al sacerdocio, descubrió que aquella vida de Nazaret no debía llevarla a cabo en Tierra Santa, sino entre las ovejas más abandonadas, a las que había conocido en sus tiempos de juventud en Argelia y Marruecos. Se instaló en Beni-Abbés, al sur de la provincia de Orán. Si bien no salía de su ermita, esta, sin embargo, estaba abierta a todos. Su ideal, por entonces, era: «Ni un grande y rico monasterio ni una explotación agrícola, sino una humilde y pobre ermita donde unos pobres monjes pudieran vivir de algunas frutas y de un poco de cebada recogida con sus propias manos; en estrecha clausura, penitencia y la adoración del Smo. Sacramento, no saliendo del claustro, sin predicar, pero ofreciendo hospitalidad a todo el que venga, bueno o malo, amigo o enemigo, musulmán o cristiano... Es la evangelización no por la palabra, sino por la presencia del Smo. Sacramento, la ofrenda del divino Sacrificio, la oración, la penitencia, la práctica de las virtudes evangélicas, la caridad; una caridad fraterna y universal»[6].

Beni-Abbés (1901-1905) representa una primera realización de su ideal. El hermano Carlos busca un equilibrio entre su vida monástica contemplativa y su deseo de irradiar el amor de Cristo entre los indígenas que lo rodean. Pero no será sino en Tamanrasset (1905-1916) donde encontrará el pleno desarrollo de su vocación. Hace construir su choza no lejos de la aldea, y no solo no rehúye a los habitantes de la región, sino que va hacia ellos, busca contactos, hace visitas. Siempre está a disposición de sus vecinos y de sus visitantes. Es el amigo que se puede buscar a toda hora del día y de la noche. Hizo cuanto estaba a su alcance para insertarse verdaderamente en la región del Hoggar. Veía ya claramente que la suya era una vocación de presencia entre el pueblo, una presencia que quiere ser testimonio y transparencia del amor de Cristo[7].

Fue en los últimos años de su vida cuando encontró la más adecuada expresión de su vocación. Así, al mismo tiempo que procuraba tener una vida de intimidad contemplativa con el Señor, no se separaba físicamente de los hombres

---

[6] *Ib*, 83-84.
[7] Cf J. Mª Recondo, *El camino de la oración en René Voillaume*, Fundación Gratis Date, Pamplona 2002, en https://www.gratisdate.org/archivos/pdf/53.pdf.

y, en particular, de los pobres. Tal fue la vida de Jesús en Nazaret: vida silenciosa, recogida, pobre, laboriosa, a la vez que abierta y plenamente accesible a todos los de su pueblo y de su aldea.

Sintonía de ideales entre Madeleine y Foucauld

La profunda fe y la búsqueda de la santidad de Foucauld motivaron a Madeleine a seguir un camino similar de entrega a Dios. El hermano Carlos de Jesús pasó su vida religiosa pensando en cómo agrupar a su alrededor a algunos hermanos que compartieran su vida. Pero esta idea, nacida en el tercer año de su período trapense, no la vería nunca realizada, aceptando el fracaso aparente de su deseo como una consecuencia de su indignidad.

En una carta que escribió en 1893 al padre Huvelin, esboza por vez primera el ideal religioso que se sentía llamado a vivir. Y en junio de 1896 compone una pequeña Regla para los miembros de la congregación que quería fundar, los Hermanitos del Sagrado Corazón de Jesús.

Ya en Palestina, la abadesa de las clarisas de Jerusalén ayudará con su influencia a reavivar sus proyectos, y en 1899 redactará la Regla de los Ermitaños del Sagrado Corazón, donde aparece un elemento nuevo: el acento sobre el sacerdocio y el apostolado, presentándose desde entonces la «vida de Nazaret», a la vez recogida y abierta, lugar de intimidad con Jesús y de partida en misión. Dos años más tarde, una mejor advertencia de las exigencias de caridad universal que implica el sacerdocio, lo lleva a volver a la denominación *Hermanitos del Sagrado Corazón de Jesús*. Y en 1902 redacta la Regla de las Hermanitas del Sagrado Corazón. Finalmente el 13 de mayo de 1911 escribirá una importante carta donde va a delinear por última vez el ideal de las fraternidades[8].

En los últimos años de su vida, frente al fracaso de sus primeros proyectos, considera la posibilidad de crear una especie de misioneros laicos que pudieran instalarse entre los infieles para atraerlos a la fe por el ejemplo y la bondad, apoyando de este modo la tarea de los misioneros consagrados. Este proyecto data de 1909, y con esta finalidad suscitó una Unión de Hermanos y Hermanas del Sagrado Corazón de Jesús, para los que escribió un *Directorio*, y que a su muerte contaba con 49 miembros, constituyendo la única descendencia visible que dejaba en torno a su ideal.

Esta síntesis de la vida, el ideal y los proyectos de fundación de Carlos de Foucauld nos permiten comprender los términos en que concibieron su vocación religiosa los Hermanitos de Jesús, fundados por René Voillaume el año 1933, y el camino que, a través de los años, habrían de seguir, en

---

[8] CARLOS DE FOUCAULD, *Lettres à mes frères de la Trappe*, Cerf, París 1969, 273-276.

busca de una mayor fidelidad al carisma recibido. Y al ser la enseñanza de René Voillaume reflejo y expresión de una vida contemplativa llevada a cabo *en el corazón de las masas*, muchos laicos, sacerdotes y religiosos encontraron en ella un eco adecuado a sus aspiraciones y *posibilidades reales* de oración. Porque, «en realidad, la contemplación no es algo dado solamente a cartujos, clarisas, carmelitas, etc. Es con frecuencia el tesoro de personas ocultas en el mundo. La gran necesidad de nuestra época, en lo que a la vida espiritual se refiere, es poner la contemplación en los caminos. Nosotros creemos que la vocación de estos contemplativos arrojados al mundo y a la miseria del mundo, que son los Hermanitos de Charles de Foucauld, tiene en este aspecto una alta significación, y se puede esperar de ellos luces nuevas, en el dominio de la vida espiritual»[9]. De una manera similar, el ideal que impulsaba a los hermanitos, impulsaba al grupo de Delbrêl.

El grupo de Delbrêl al estilo de Foucauld

A través de sus escritos y cartas, Foucauld brindó a Madeleine orientación y consejos en su propio camino de discernimiento vocacional. Cuando se estaba configurando el grupo de Delbrêl, en un informe de 1931, ella afirma: «Estará menos

---

[9] J. Maritain-R. Maritain, *Liturgie et contemplation*, Ad Solem, Brujas 1959, 76-78.

animado por un espíritu misionero muy activo, que deseoso de vivir al estilo de Foucauld. No se trata de trabajar por Cristo, sino de ser Cristo para hacer lo que él hace». En un significativo escrito, Madeleine Delbrêl expone las razones por las que aman al padre Foucauld, desarrollando los siguientes títulos: «En pura pérdida de sí mismo... El hermano universal... Corazón con la cruz clavada... Gritar el Evangelio con la vida... Dios con nosotros... El último puesto»[10]. En unas notas para preparar una conferencia sobre Foucauld, recoge en síntesis lo que va a ser su propia búsqueda espiritual: «El Dios presente que transforma todo, tomar el evangelio al pie de la letra, los pequeños, los más perdidos, la caridad integral»[11]. Al modo de Foucauld, Delbrêl intentó vivir en la sencillez de lo cotidiano una vida adorante como levadura en la masa. Se asocia a la incomparable belleza de una vida escondida en Dios, como lo expresa el hermano Carlos:

[Nuestro Señor:] Después de mi presentación y de mi fuga a Egipto, me retiré a Nazaret... Allí pasé los años de mi infancia y mi juventud, hasta los treinta años... Es por vosotros, por amor, por lo que he estado ahí... ¿Qué vida llevé? Llevé esta

---

[10] M. Delbrêl, «La sainteté des gens ordinaires», en *Textes Missionnaires*, vol. 1, Nouvelle Cité, Bruyères-le-Châtel 2009, 101-121 (trad. esp., *La santidad de la gente sencilla*, Monte Carmelo, Burgos 2012).

[11] *Ib*, 123-131.

vida para instruiros. Durante esos treinta años no he cesado de instruiros, no con palabras sino con mi silencio y ejemplo. ¿Qué os enseño? Os enseño primero que podéis hacer el bien a los hombres, mucho bien, un bien infinito, un bien divino, sin palabras, sin sermones ni ruido. Solo con el silencio y dando un buen ejemplo... ¿Qué ejemplo? De misericordia, de los deberes hacia Dios amorosamente cumplidos, de la bondad hacia todos los hombres, de la ternura hacia los que nos rodean y de los deberes domésticos santamente realizados. De pobreza, trabajo, abyección, recogimiento y retiro. De la oscuridad de una vida escondida en Dios, con una vida de oración y penitencia, perdida en el abismo de Dios. Os enseño a vivir del trabajo de vuestras manos para no estar a cargo de nadie y tener para dar a los pobres. Considero que ese género de vida posee una incomparable belleza..., la de imitarme. Todos los que quieren ser perfectos, deben vivir pobremente, imitando fielmente mi pobreza de Nazaret... Mucho he predicado la humildad en Nazaret, pasando treinta años en oscuros quehaceres, siendo un desconocido, Yo, la luz del mundo. Viviendo la obediencia, sumiso durante treinta años a mis padres, sin duda santos, pero humanos. ¡Yo, que soy Dios![12]

---

[12] CARLOS DE FOUCAULD, «Ocho días en Efrén», en *Écrits spirituels de Charles de Foucauld, ermite au Sahara, apôtre des touaregs*, J. de Gigord, París 1964.

La centralidad de la presencia de Dios en la vida de Foucauld, tanto en la oración como en la acción, resonó profundamente en Madeleine y la llevó a buscar una experiencia similar en su propia vida. El énfasis de Foucauld en el amor al prójimo, especialmente por los más pobres y marginados, impulsó a Madeleine a dedicar su vida al servicio de los demás. Y, finalmente, la fascinación de Foucauld por la vida oculta de Jesús en Nazaret inspiró a Madeleine a llevar una vida de radicalidad evangélica, entrega a Dios y al amor al prójimo, especialmente dentro del mundo obrero. De ahí que fundara una comunidad de mujeres llamada *La caridad de Jesús* para vivir según la espiritualidad de Nazaret, inspirada en la vida de Foucauld en el desierto. El libro de Madeleine *Las comunidades según el evangelio*[13] refleja la influencia de la visión de Foucauld sobre una Iglesia encarnada en el mundo y cercana a los más pobres.

La insistencia de Madeleine en la importancia de la amistad y la fraternidad como expresiones del amor cristiano también encuentra eco en la espiritualidad de Foucauld. Madeleine tiene siempre presente a Foucauld como signo de la Eucaristía: «Entregado a los hombres para ser comido por ellos, alguien extremadamente sencillo, perfectamente asimilable. Ligado constantemente al Dios alimento, comido por el servicio constante a sus

---

[13] M. DELBRÊL, *Las comunidades según el evangelio*, PPC, Madrid 1998.

hermanos»[14]. En definitiva, la influencia de Carlos de Foucauld en Madeleine Delbrêl fue profunda y duradera, modelando su camino espiritual y su compromiso con la justicia social.

---

[14] ID, *La santidad de la gente sencilla*, Monte Carmelo, Burgos 2012, 119.

Vivir el Evangelio entre la gente obrera

Madeleine Delbrêl llegó a Ivry en 1933 con dos compañeras, Suzanne Lacloche y Hélène Manuel. Ella era asistente social, la otra era enfermera y la tercera trabajaba en un laboratorio de farmacia, las tres en Ivry. El párroco, que era un poco tradicional, les pidió que le ayudaran en la misión parroquial, en un centro social que dependía de la parroquia. Madeleine Delbrêl empezó primero como asistente social allí, al servicio de esta parroquia, y la enfermera también. Mucha gente iba a verlas, era un poco como un centro de salud. Ellas visitaban a la gente, les escuchaban, pero se dieron cuenta de que el cura quería que participaran mucho más en la parroquia. La parroquia suponía catequesis, círculo de formación, patronatos, chicos y chicas, los jueves por la tarde había que cuidar a los niños, había un terreno donde se jugaba al fútbol y campamentos en verano. Pero Madeleine Delbrêl se dio cuenta de que este mundo parroquial, que ella valoraba, no era su vocación, no era la vocación de ellas, de

modo que debían salir de este ambiente parroquial y encarnarse en el mundo no creyente, en
las calles de Ivry, junto a los obreros sencillos y
pobres. Madeleine era una mujer muy realista.
Sus compañeras y ella, sobre todo ella, se dieron
cuenta de que tenían que cambiar, por lo que se
mudaron a la casa que aún existe hoy, en la calle
Raspail, que ahora es un pequeño museo y una
residencia para personas sin hogar[1].

La alegría de la fe le lleva a madurar una elec-
ción de vida enteramente entregada a Dios, en el
corazón de la Iglesia y en el corazón del mundo,
compartiendo con sencillez y en fraternidad la vida
de la «gente de la calle». Madeleine no era partida-
ria de los planes pastorales que acometen muchos,
que son necesarios, pero ella decía: «Hay que
tener más espontaneidad y aportar a este mundo
la prueba de que a los seres humanos Dios los
quiere, que no son rechazados por Dios». Quería
alcanzar el nivel en el que Dios habla a la gente.
Poéticamente se dirigía a Jesús así: «Para estar contigo en tu camino, es necesario ir, también cuando
nuestra pereza nos suplica que nos quedemos. Tú
nos has elegido para estar en un extraño equilibrio, un equilibrio que puede establecerse y mantenerse solo en movimiento, solo en un impulso.

---

[1] E. FACCIA SERRANO, *Evangelizar a comunistas en la Francia
bajo bandera soviética: la audaz misión de Madeleine Delbrêl*,
en Religión en Libertad (11 de julio de 2018), en https://www.
religionenlibertad.com/personajes/308739829/Evangelizar-
a-comunistas-en-la-Francia-bajo-bandera-sovietica-la-audaz-
mision-de-Madeleine-Delbrel.html.

Un poco como una bicicleta, que no se sujeta sin dar vueltas. Podemos mantenernos erguidos solo avanzando, moviéndonos, en un impulso de caridad[2]». Es lo que ella llama la *espiritualidad de la bicicleta.* Solamente en camino, corriendo, vivimos en el equilibrio de la fe, que es un desequilibrio, como cuando montamos en bicicleta. Si te paras, no te sujetas.

La comunidad La caridad de Jesús

A la comunidad que formaron de mujeres laicas, le dieron el nombre de *La caridad de Jesús* en 1933, en resonancia al Iesus Caritas de Foucauld. El grupo no estaba ligado a ninguna organización, no preveía votos ni promesas oficiales. La vida en común era muy intensa. El fin era unirse lo más posible a Cristo insertadas en el mundo, imitar su vida, obedecer al Evangelio y transmitirlo. Lo cual exigía una vida de oración fuerte y dejarse conducir por la caridad hacia una acción siempre concreta, viendo siempre en el prójimo a un hermano, tratándolo sin tacticismos, sino con todo el amor de Jesús. Ella, que había vivido una guerra mundial, decidió que su lugar estaba en uno de los suburbios de París donde «las tres fábricas cuyos salarios eran los más bajos tenían por propietarios a católicos». Y lo hizo convencida

---

[2] M. DELBRÊL, *Umorismo nell'amore. Meditazioni e poesie,* Gribaudi, Milán 2011, 56.

de que los marxistas, comprometidos con causas humanitarias, habían asumido la tarea que tendría que ser de los cristianos. Y al contactar con una población descristianizada, y a veces hostil al cristianismo, vive una fe «al pie de calle»: reza en el metro, en el tren de cercanías, en el centro comercial, en el centro de salud, etc. Lo cotidiano es siempre nuevo. No hay nada que no sea importante. Dios está donde se hallan esos rostros de hombres y mujeres de la vida diaria. Madeleine se siente llamada a «vivir el amor de Jesús entera y literalmente, desde el aceite del buen samaritano hasta el vinagre del Calvario, donándole así amor por amor, para que, amándolo sin reservas y dejándose amar hasta el final, los dos grandes mandamientos de la caridad se encarnen en nosotros y se conviertan en uno solo»[3].

Para Madeleine la vida de la fe no puede subsistir sin oración:

Ahora bien, al vivir en medio del mundo una vida secular, parece que la oración es al mismo tiempo indispensable y difícil. Las vidas que son de Dios son vidas que oran, sean como sean y estén donde estén. Su oración es a la vez un don de Dios y una conquista. Una vida secular que no reza no es de Dios. Pero, así como hay que encontrar el modo de llevar a cabo los consejos evangélicos en medio de la vida secular, también

[3] ID, «La vocation de la charité» 1, en *Oeuvres complètes* XIII, Nouvelle Cité, Bruyères-le-Châtel 2015, 138-139.

hay que encontrar cómo ubicar la oración y sus casi indispensables auxiliares: el silencio, el recogimiento y el sentido litúrgico. Creer profundamente que Dios existe, que es el Dios único, verdadero y vivo al que le entregamos nuestra vida, debe implicar, con un mínimo de lógica, la necesidad de callarnos para escucharle, la necesidad de recogernos para buscarle, la necesidad de adecuarnos en intención o en acto a lo que prescribe para adorarle. Porque, a través de todas las situaciones vitales, la oración conserva algo profundamente específico: la relación entre un hombre y su Dios. Una relación que es amor.

Pero para todos los que son llamados, independientemente del tipo de llamada que reciban, a entregarse a sí mismos a Dios, la oración será siempre un sacrificio, en mayor o menor medida. La oración se parece a lo que tienen de sacrificio el celibato querido, la pobreza querida o la obediencia querida: forman un todo. Por eso, la oración debe tener un tiempo reservado en exclusiva. Sin este tiempo de oración, el resto del tiempo se tornará vacío y como separado de Dios. Un tiempo que no debe ser el tiempo sobrante, sino un tiempo que deja lo útil por algo mucho más útil.

El primer mandamiento del Señor es el de «amarás» y no el de «rezarás». Pero no se puede actuar en nombre de Dios sin rezarle a Dios. La caridad con el prójimo sin la oración, el amor a la Iglesia sin oración o la evangelización sin oración no pueden ni actuar ni existir, son ficciones. Jesús hizo su oración delante de nosotros. El evangelio nos muestra la oración vivida por Jesús, colocada en su lugar por él, su lugar orgánico, su lugar funcional. Para hacer la voluntad de Dios, se necesita trabajar duro. No se trata de padecer, sino de aceptar. Ciertas obras de este trabajo se hacen por la oración. Es algo totalmente seguro. Quizás todo esto nos lo creemos, pero no estamos totalmente convencidos de ello. No estamos tan seguros de ello, como lo estamos de que caminamos con nuestras piernas, de que cogemos cosas con nuestras manos o de que oímos con nuestros oídos. Si llegásemos a experimentar que la oración es necesaria, alcanzaríamos el buen sentido sobrenatural para actuar en consecuencia[4].

Los inicios de la comunidad

A partir de 1930, junto con el padre Lorenzo, Madeleine redacta un *Directorio*, como lo hizo Carlos de Foucauld[5], donde deciden no tener bienes y vivir de su trabajo. Todo esto fundamentado en la oración y la caridad. En 1932 Madeleine escribe una carta al padre Lorenzo reflexionando sobre los elementos que deben configurar la comunidad: «La pobreza puesta en evidencia, la

[4] ID, *Las comunidades según el evangelio*, PPC, Madrid 1998, 160-161; 174-176.
[5] J. L. VÁZQUEZ BORAU, *«Consejos evangélicos» o «Directorio» de Carlos de Foucauld*, BAC, Madrid 2005.

cruz, el amor a los pobres, la sencillez y la alegría establecen nuestro trabajo de corredentoras por medio del sufrimiento y la oración»[6]. Dadas las exigencias de vida, el grupo disminuye de diez a tres jóvenes: Suzanne Lacloche, Hélène Manuel y Madeleine Delbrêl. La tarde antes de partir a Ivry, las tres compañeras hacen sus votos privados. Y al día siguiente, el 15 de octubre de 1933, parten hacia Ivry-sur-Seine, feudo histórico del partido comunista y que controla la alcaldía desde 1925. Ivry acoge a gentes de diferentes procedencias en condiciones insalubres. En este conglomerado humano, Madeleine permanecerá toda su vida. Christine de Boismarmin, una de las fieles al grupo de La caridad de Jesús, muestra lo que ella misma percibió en la actitud de Madeleine: «Obviamente, ahí encontramos el secreto de Madeleine. Ese incesante interrogante sobre lo que es amar, la intuición de que nunca se ama lo suficiente»[7].

Así define Madeleine en 1943 el modo de vida de La caridad de Jesús: «No somos un grupo de asistentes sociales, sino de laicas. Intentamos practicar las virtudes evangélicas de pobreza, pureza y obediencia. El trabajo que realizamos no tiene mucha importancia. Nos sirve como lugar para dar testimonio del Evangelio; de terreno para el encuentro con nuestro prójimo. Quisiéramos

---

[6] M. DELBRÊL, «Éblouie par Dieu. Correspondance I: 1910-1941», en *Oeuvres complètes* vol. I (Col. «Spiritualité»), Nouvelle Cité, Montrouge 2004, 190.
[7] B. PITAUD, *Madeleine Delbrêl poeta, asistente social y mística*, PPC, Madrid 2019, 6.

reconstruir en pleno siglo XX una comunidad cristiana análoga a las comunidades primitivas, nuestra pequeña familia trabaja en el ambiente de los padres de la Misión de Francia. Ser Cristo allí donde se esté podría ser la fórmula de nuestro fin»[8].

El impacto de la injusticia social

La desigualdad de las condiciones de vida de los obreros y ver que los cristianos que viven allí no reaccionan ante la desigualdad, provoca una lucha abierta contra el cristianismo. La mayoría de la población está de acuerdo con los comunistas. Madeleine reconoce que los marxistas asumen las tareas que tendrían que ser de los cristianos, pero no asume su ateísmo: «El partido comunista como tal espera alguna cosa, mientras que la Iglesia como tal espera a Alguien»[9]. Madeleine permanecerá en Ivry treinta años. Durante este tiempo conocerá a un único alcalde comunista, Georges Marrane, quien, desde 1939, le confía los servicios sociales del ayuntamiento.

Madeleine es competente y tiene una gran capacidad de empatía. «Lo vive todo como creyente en Jesús. Quiere ser "Jesús Cristo" en

[8] G. FRANÇOIS-B. PITAUD-A. SPYCKET, *Madeleine Delbrêl, connue et inconnue*, Nouvelle Cité, Bruyères-le-Châtel 2004, 185-186».

[9] M. DELBRÊL, «Nosotros, gente común y corriente», en *Textos misioneros*, Lumen Humanitas, Buenos Aires 2008, 251.

medio de la muchedumbre. No tiene afán de proselitismo ni estrategia de evangelización. Algunos
miembros de la Iglesia quieren "reconquistar" a la
clase obrera. Ella busca la santidad del Evangelio:
"Nosotros, gente de la calle, creemos con todas
nuestras fuerzas que estas calles, este mundo en el
que Dios nos ha puesto, es para nosotros el lugar
de nuestra santidad". Sin despreciar la parroquia,
se da cuenta de que, ante la desconfianza de una
gran parte de la población, la comunidad tiene la
tentación de replegarse y aislarse. [...] Con una
capacidad de empatía poco común, favorece el dia-
logo de tú a tú sin ningún complejo: "En un mundo
sin Dios, indiferente, hay hombres y mujeres que
intuyen a Dios. Es el gran misterio. Es importante
decirle al mundo: Dios está en ti. No lo imagines
fuera de ti en un cielo inasequible"»[10]. Madeleine
se interesa por la gente sencilla de la calle, el pobre
que sale cada día del asilo de ancianos, los diversos
colectivos obreros... por todos. «No forma parte
de ninguna organización católica ni de la Acción
Católica. Quiere ser libre para hablar de tú a tú.
Dialoga siempre en defensa de los trabajadores,
con su compromiso evangélico. La fe, dice, "no es
un contrato intelectual sino una alianza con Dios
en la vida y para toda la vida"»[11]. Vuelve siempre
al Evangelio. Pocas veces se pierde la Misa diaria,
y su misal está lleno de nombres. Ella vivió las dos

---

[10] P. RODIER, ¿Quién es Madeleine Delbrêl?, en Alfa y Omega
1255 (31 de marzo de 2022).

[11] Ib.

guerras mundiales, y decidió que su lugar estaba en uno de los suburbios de París donde «las tres fábricas cuyos salarios eran los más bajos tenían por propietarios a católicos». Y lo hizo convencida de que los marxistas, comprometidos con causas humanitarias, habían asumido la tarea que tendría que ser de los cristianos. «En esa época, el partido comunista se presenta como la "salvación" del mundo popular y Madeleine piensa que la fe va a ser poco a poco algo "impensable". En 1950 afirma: "El término *Dios* es intraducible en nuestros ambientes. Para evangelizar, es preciso aclararlo, acercarlo, hacerlo presente. Es preciso dar testimonio de Él, mediante toda una actitud de vida, con nuestras opciones, con actos concretos, que suponen a Alguien invisible, pero vivo, intocable pero actuando". "Nada nos dará el acceso al corazón de nuestro prójimo sino el hecho de haber dado a Cristo el acceso al nuestro". Madeleine es una mujer fuerte con una salud frágil. Es humilde y paciente. ¿Cuál es su gran secreto? El padre Pitaud, un gran conocedor suyo, lo resume así: "Antes de que Dios se hiciera Alguien para ella, todo estaba colocado bajo el signo de la muerte, la muerte absurda. Ella descubre al Dios vivo en un deslumbramiento que no cesará jamás. La vida ya no está limitada por la muerte; la muerte ya no es la parada definitiva de la vida, la muerte es el paso de la vida a la Vida. Se trata de vivir la vida invadida por la eternidad de Dios"»[12].

---

[12] *Ib.*

René Voillaume y Madeleine Delbrêl

Voillaume y Delbrêl son dos figuras clave del cristianismo del siglo XX, ambos profundamente influenciados por la espiritualidad de Carlos de Foucauld. Sus vidas y obras se caracterizaron por un compromiso radical con la pobreza y la evangelización del mundo obrero. La peculiaridad está en que René lo hace desde la perspectiva de la vida religiosa y Madeleine desde una perspectiva laical. La llegada de la II Guerra mundial hará que se modifique la vida de la fraternidad de los Hermanitos de Jesus del padre Foucauld, al ser movilizados la mayor parte de los hermanitos. Un par de ellos se quedarán, en cualquier caso, en El-Abiodh, para que fuera posible el regreso periódico del resto; pero aun así, la vida de la comunidad entrará en un paréntesis que habrá de prolongarse hasta el final de la guerra. René Voillaume fue destinado a Orán y luego a Touggourt como personal militar no combatiente. Esto lo mantendrá alejado durante varios años del gobierno físico de la comunidad de El-Abiodh. Se abre así un período en el que distintas circunstancias y hechos providenciales llevarán a la fraternidad a una transformación hasta entonces imprevista[1].

Situación de crisis

Cabe comenzar recordando que la Regla de 1899, a partir de la cual se proyectó la fundación, había sido en muchos aspectos modificada, porque algunos superiores de San Sulpicio la consideraban impracticable y «escrita no para hombres, sino para ángeles». Esto hizo que, exceptuando al grupo fundador, el resto de los hermanitos no tuviera un conocimiento directo de ella; es más, se evitó expresamente que llegara a manos de los más jóvenes, para preservarlos de engañosas ilusiones. Así fue como, tras la lectura de dicha Regla por parte de los hermanitos que habían permanecido en El-Abiodh, le plantearan estos a Voillaume, en mayo de 1943, la exigencia de volver a una más perfecta observancia de la misma, a fin de seguir con mayor fidelidad al Hno. Carlos.

Esto suponía, fundamentalmente: una vida de mayor pobreza y austeridad, un cumplimiento más estricto de la clausura y del silencio, dar más importancia al trabajo y alcanzar una mayor

[1] Cf https://hermanosdejesus.es/raices-2/guerra-dispersion-y-expansion/.

sencillez en el trato. La irreductibilidad con que se presentó inicialmente el planteamiento fue superada en virtud del espíritu abierto y paciente del P. Voillaume, así como por la intervención del prefecto apostólico del Sáhara. De este modo, las observancias señaladas encontrarán eco y sintonía en René Voillaume y, mientras la vida en El-Abiodh iba evolucionando en tal sentido, él se retirará en junio de 1944 a una ermita para comenzar un trabajo de investigación, a fin de compenetrarse mejor con el espíritu del Hno. Carlos. Esto, que habrá de llevarle un año entero, supuso la lectura de los escritos de Carlos de Foucauld, un intercambio de opiniones con los hermanitos y tiempo de reflexión en la oración. A partir de ese momento ya no se busca definir la vocación y misión de los Hermanitos con referencia solo a la Regla de 1899 (que no representaba el pensamiento del Hno. Carlos sino parcialmente y, en más de un aspecto, de modo germinal), sino a partir del conjunto de su vida y de sus escritos, lo cual aseguraba una mayor fidelidad a la integridad de su mensaje.

Se cierra así la crisis, desencadenada en 1943, de la que la fraternidad, profundizando en su ideal, sale más firmemente enraizada en el espíritu del padre Carlos de Foucauld. Lo que faltaba, según Voillaume, era «una presencia suficiente del alma y del espíritu del padre De Foucauld –un cierto sentido de la pobreza y del trabajo–, una profundización mayor en el misterio de la vida oculta de Nazaret».

Viajes a Francia y Roma

Poco después de que acabara la guerra, René Voillaume emprenderá un viaje a Francia y otro a Roma que resultaron decisivos para el futuro de la fraternidad. Antes de ir a Francia en 1945, Voillaume conocerá en Argel a militantes obreros cristianos. Como consecuencia de ese encuentro, comienzan a entrever la posibilidad de estar presentes en el mundo obrero.

Su posterior viaje a Francia y los contactos que allí tendrá, confirmarán esta idea para Voillaume, y se la anuncia a los hermanos a su vuelta a El-Abiodh. De este modo, las nuevas *Constituciones*, redactadas por entonces y aprobadas en 1947, considerarán como destinatarios de la misión de la fraternidad no solo a los musulmanes sino a toda tierra de misión, en la que incluían al mundo obrero, en razón de su descristianización.

También se subraya la importancia del trabajo, aunque no se contemplara aún la posibilidad del trabajo asalariado en el exterior: también la fraternidad obrera era concebida por entonces como monástica, aunque inserta en el medio obrero y en intercambio de relaciones y adaptación al mismo.

Hermanita Madeleine de Jesús y Jacques Maritain

Entre las personas que Voillaume contactó en Francia y que le harían confirmar la necesidad del proyecto de las fraternidades obreras, es preciso destacar a la hermanita Madeleine de Jésus, fundadora de las Hermanitas de Jesús, con quien ya por entonces tenía una importante relación. Hubo siempre entre ellos una profunda comunión en la manera de concebir el ideal de las fraternidades, y no es fácil delimitar las respectivas influencias, que fueron recíprocas. Lo más relevante dentro de este período fue, sin duda, el viaje que el P. Voillaume hizo con Fr. André entre abril y junio de ese año. El principal cometido del mismo era organizar una fraternidad de estudios en Roma. Fr. André acompañaba al P. Voillaume para aconsejarle en esto y para reencontrarse en Roma con su amigo Jacques Maritain –por entonces embajador de su país ante la Santa Sede–, a quien no veía desde hacía trece años. El hermano Milad se quedó, mientras tanto, como responsable en El-Abiodh.

El primer hecho destacable es el encuentro que tienen en Argel, antes de cruzar hacia Europa, con dirigentes de la JOC. De lo conversado con ellos surge la posibilidad de una fraternidad obrera con trabajo en el exterior, pues los jocistas defienden el proyecto de que tengan una profesión aparte para evitar el riesgo de caer en el capitalismo de otras órdenes o congregaciones religiosas. Así nace, pues, unido al deseo de una pobreza real y efectiva, la idea del trabajo asalariado en el exterior de la fraternidad. Pero es necesario tener en cuenta aquí que en ningún momento había sido puesta en duda la naturaleza contemplativa de la vocación de las fraternidades.

En Roma fueron numerosos los encuentros con los Maritain con los que se creó un vínculo particular. Hubo un total acuerdo entre ellos respecto a la posibilidad y la importancia de una vida contemplativa en el mundo[2]. Resumiendo, consideramos que sería superficial reducir a una sola causa lo que en la acción providente de Dios tuvo un curso manifiestamente más complejo. No podríamos prescindir del contexto histórico-pastoral de la Iglesia en Francia durante aquellos años: la preocupación misionera por evangelizar el mundo obrero como tema dominante.

En mayo de 1946, se funda en Aix-en-Provence la primera fraternidad obrera. Voillaume formará parte del grupo, trabajando de pintor, y, si bien las responsabilidades del priorato no le permitirán permanecer demasiado tiempo en ello, deseaba participar personalmente en la nueva experiencia que comenzaban a vivir los hermanitos.

Entretanto, el rostro de La caridad de Jesús va cambiando a partir de 1939 con la guerra. La temida llegada de los alemanes a París, el 14 de junio de 1940, provoca el pánico entre sus gentes. El alcalde de Ivry le encarga organizar la eva-

---

[2] Cf J. L. Vázquez Borau, *Jacques Maritain y Carlos de Foucauld*, Digital Reasons, Madrid 2023.

cuación del barrio. Madeleine y sus compañeras ofrecen su casa como refugio temporal a las víctimas de los bombardeos. Madeleine trabaja como delegada en la *Assistance Publique Nationale*. Anima a los asistentes sociales a que abandonen sus despachos y salgan a las calles para escuchar las necesidades reales de la gente: «Las familias no necesitan que se las visite como se hace cuando se registra una maleta en la aduana ni como lo haría un médico al reconocer a un paciente. Necesitan ser visitadas como lo haría un familiar; necesitan a esos "hermanos universales"[3], que piden al servicio social que se implique en estos momentos en los caminos sangrantes del mundo»[4]. Para ayudar a las familias y a los prisioneros crea el *Atelier de récupération* donde se recogen y reciclan todo tipo de cosas. Y también la *Maison de la Mère*, para proteger a los ancianos y a los grupos de jóvenes. En 1938, Madeleine publica el artículo *Nous autres, gens des rues*, donde exhorta a los cristianos de París a tomar conciencia de los suburbios: «Hay en Francia sectores que son más profundamente extraños a la Iglesia y están más paganizados que todo lo que se puede encontrar en China o en el África negra»[5]. Su escrito tuvo gran difusión a través de la JOC. En este tiempo

---

[3] Referencia a Carlos de Foucauld, «hermano universal».
[4] C. F. MANN, *Madeleine Delbrêl, une vie sans frontières*, Desclée de Brouwer, París 2002, 116.
[5] M. DELBRÊL, *Mystique et missioneres*, en Études Carmélitains, año 23, vol. 1 (abril de 1938) 32-35.

surgen contemplativos en las ciudades: Los Hermanitos de Jesús y los Hijos de la Caridad, fundados por Émile Anizan. El cardenal Suhard acogerá y animará estas búsquedas pastorales.

La conmoción de la II Guerra mundial

El período de Vichy (1940-1943) es un tiempo de colaboracionismo. El 9 mayo de 1940 murió el cardenal Verdier de París, y el 10 los alemanes invadieron Francia. La Santa Sede nombró inmediatamente a Emmanuel Suhard (1874-1949) arzobispo de París[1]. De entrada, le detuvieron y requisaron el palacio arzobispal. Pronto lo liberarían, era un aviso. Suhard había condenado el régimen nazi antes, como el propio Verdier. Y en todo el período de ocupación, mantuvo dignamente su sitio y protestó con energía ante los abusos. También tuvo que convivir y marcar

---

[1] Emmanuel Suhard (1874-1949) es una figura señera del catolicismo francés del siglo XX. De origen muy humilde, fue destacando por sus capacidades. Se formó en Roma, teniendo como compañero al futuro Pío XII. Tras muchos años de enseñar en el seminario de Laval (1899-1928) y haberse negado ya una vez, lo hicieron obispo de la pequeña Bayeux et Lisieux (1928), enseguida de Reims (1930) y cardenal (1935). Quizá influyó que era contrario a la *melange* de política y catolicismo de *L'Action Française*, que había condenado a Pío XI en 1926 con escándalo de muchos católicos tradicionales y bastantes obispos.

distancias con el régimen de Pétain, al que se ·
habían adherido muchos católicos y obispos más
tradicionales, buscando alivio entre tantas con-
tradicciones[2].

Tiempos sombríos

El cardenal Suhard, lejos de bloquearse, pensó
que la verdadera solución a todos aquellos males
era la evangelización. El 24 de julio de 1941 presentó el proyecto de la Misión de Francia, que
debía servir tanto para repartir el clero entre las
diócesis que más tenían y las que menos, como
para llegar a donde no se había llegado o se había
perdido. Además, estaba su inmensa diócesis,
París.

El 16 de julio de 1942, se produjo la depor-
tación masiva de miles de judíos franceses que
fueron recluidos en el Velódromo de Invierno.
Desde allí fueron deportados en los trenes de la
muerte a Drancy, Pithiviers y Beaune-la-Rolande,
para ir a para después a Auschwitz y a otros
campos de exterminio del Este de Europa. El
cardenal Suhard mandó de incógnito a veinticinco
sacerdotes a los campos de trabajo forzado. Para
los que pudieron regresar significó un cambio de

---

[2] J. L. Lorda, *¿Francia, tierra de misión? El impacto de
una propuesta (1943)*, Omnes, Universidad de Navarra (17
de septiembre de 2021), en https://omnesmag.com/recursos/
francia-tierra-de-mision-el-impacto-de-una-propuesta-1943/.

perspectiva. Ya no se trata de servir a la sociedad a través de instituciones eclesiales, sino de «estar con la gente, no de cualquier manera, sino de vivir con la gente»[3].

En la tarde del lunes de Pascua de 1943, su secretario le pasó un escrito de unas cincuenta páginas. Era un informe bien documentado de dos capellanes de la JOC, Henri Godin e Yvan Daniel, sobre cómo evangelizar el sector popular y obrero. Lo leyó por la noche. Les llamó y les pidió que lo prepararan para su publicación. Y, directamente, lanzó la Misión de París (1 de julio de 1943), dirigida a evangelizar los barrios populares. Buscó sacerdotes y laicos, y dedicó algunos templos, que dejaron de ser parroquias.

En 1944, Mons. Angelo Roncalli, tras su servicio en Bulgaria, Turquía y Grecia es nombrado nuncio en París. Se interesa por los prisioneros de guerra y está presente en los comienzos de la misión obrera. La lectura del escrito de Godin y Daniel causó también en él un fuerte impacto.

Mientras tanto, durante estos años, Madeleine fue tejiendo con los compañeros comunistas lazos de amistad, y tras la liberación de París y la reconstrucción de la posguerra, mantuvo su trabajo en los servicios sociales en la municipalidad de Ivry, que seguía a cargo de los comunistas, con quien estableció un diálogo sincero y

---

[3] J. Botey, *Curas obreros. Compromiso de la Iglesia con el mundo obrero* (Cuadernos CJ 175), Cristianisme i Justicia, Barcelona 2011, 5.

fecundo. Madeleine admiraba su generosidad y su heroísmo, pero, a su vez, seguía siendo fiel al absoluto de Dios.

La insurrección de las colonias de África

En Argelia, en 1954, estalló la guerra de la independencia que generó muchas víctimas civiles y militares. Madeleine, junto a los miembros del comité local para la paz, firma una carta dirigida al general De Gaulle en la que solicitan una negociación que traiga la paz, cosa que llegó gracias a los Acuerdos de Evián que concedían la independencia de Argelia, y en 1962 se inicia la retirada.

En Abiyán, Costa de Marfil, se estableció una comunidad de La caridad de Jesús con Suzanne Perrin y Guitemie Galmiche. Dos años más tarde se unirá a ellas Monique Joubert. Ese mismo año Madeleine fue a visitarlas, partiendo en barco desde Burdeos. Allí tuvo encuentros con jóvenes y voluntarios que trabajan en las barriadas más pobres y visitó a un equipo de sacerdotes de la Misión de Francia.

Un año después de la muerte de Emmanuel Mounier (1905-1950) escribió un artículo en la revista Esprit, fundada por este, sobre la condición de la mujer obrera, donde afirma: «Las mujeres tienen un papel político poderoso. Podemos encontrárnoslas en los dos extremos: como militantes en las trincheras o en las fortalezas de la tradición. Todas las huelgas conocen "el segundo frente", el de las mujeres. Se dan cuenta enseguida de lo que acontece, porque son menos lógicas y están menos racionalizadas que el hombre. Una militante política encarna las ideas, las hace vida»[4].

Su misión en el mundo y en la Iglesia

La injusticia social, el encuentro con el comunismo y el ateísmo impactan a Delbrêl, que comienza a reflexionar sobre su misión en el mundo y en la Iglesia. Acontecimientos como la fundación del seminario de la Misión de París en Lisieux (1943-1944) y la posterior Misión de Francia (1945), llevada a cabo por el cardenal Suhard (1874-1949) con una comisión episcopal francesa, para formar sacerdotes para la misión con los ateos, orientarán las decisiones de Madeleine, quien será llamada por el director del seminario, don Louis Augros, para hablar de su experiencia en Ivry. En estas circunstancias conoce al P. Jacques Loew (1943), sacerdote obrero desde 1941. Y así, para interceder por la causa de los sacerdotes obreros y por la Misión, llega a viajar a Roma en mayo de 1952. Aunque desde el Vaticano se pone fin a la experiencia de

---

[4] M. DELBRÊL, *Athéismes et évangélisation*, Nouvelle Cité, Bruyères-le-Châtel 2020, 41-48.

los curas obreros[5], ella comprende desde lo más hondo el sentido de la Iglesia, la comunión con Pedro y la entrega de sí misma por la justicia[6]. Un fruto maduro de su pensamiento en torno al marxismo y a la misión de los cristianos en la Iglesia es su único libro publicado en vida: *Ciudad marxista, tierra de misión*[7].

---

[5] Cf É. POULAT, *Les prêtres-ouvriers. Naissance et fin*, Cerf, París 1999.

[6] De esa labor constante de lucha evangélica por la justicia nacieron los Grupos de Madeleine Delbrêl, que trabajan en las «fronteras» de la Iglesia católica. Cf J. GIRARD, *Cinquante ans aux frontières de l'Église. De la Mission de France aux équipes d'Ivry*, L'Harmattan, París 1994.

[7] M. DELBRÊL, *Ville marxiste, terre de mission*, Cerf, París 1957.

Francia, ¿país de misión?

En medio de la II Guerra mundial y con Francia ocupada, dos capellanes de las Juventudes Obreras Católicas, con el impulso del cardenal Suhard, hicieron reflexionar a muchos sobre la evangelización de los barrios obreros. En la tarde del lunes de Pascua de 1943, el secretario del cardenal le pasó un escrito de unas cincuenta páginas. Era un informe bien documentado de dos capellanes de la JOC, Henri Godin e Yvan Daniel, sobre cómo evangelizar el sector popular y obrero. Lo leyó por la noche. Les llamó y les pidió que lo prepararan para su publicación. Y, directamente, lanzó la Misión de París (1 de julio de 1943), dirigida a evangelizar los barrios populares. Henri Godin (1906-1944) expuso sus ideas con un estilo ágil y muchos testimonios, lo que daba al texto un tono impactante. Yvan Daniel (1906-1986) se ocupó de los datos y el análisis sociológico. El libro, *Francia ¿país de misión?*, se publicó el 11 de noviembre de 1943, y se vendieron 140.000 ejemplares hasta la misma vigilia del concilio Vaticano II. Impresionó a Juan XXIII, nuncio en Francia de 1944 a 1953, y a Juan Pablo II, que mientras estudiaba en Roma viajó a París para conocer este apostolado. El libro llevaba un prefacio de Guérin, consiliario general de la JOC en Francia, que en ese momento estaba detenido por la Gestapo.

El desarrollo de la industrialización urbana

Una de las grandes causas de la descristianiza-ción fue el desenraizamiento masivo de la gente respecto a sus comunidades rurales de origen, motivado por la crisis de la sociedad tradicional campesina y el desarrollo de la industrialización urbana. Esto hacía que perdiesen su inserción en la sociedad y en la Iglesia. Había que ayudarles a crear comunidades frente al intenso influjo del comunismo, que desde finales de los cuarenta, con su loca mística, su propaganda y su descarada manipulación de las instituciones, desorientó muchas aspiraciones cristianas, desviándolas hacia opciones netamente políticas y revolucionarias.

Los curas obreros

La Misión de París fue fundada por el cardenal Suhard el 15 de enero de 1944. Participaron en ella una veintena de sacerdotes que trabajaban como obreros en cadenas de montaje en la metalurgia y en fábricas de automóviles. También como camioneros en la industria química o eléctrica. Hicieron su aparición en Marsella y Lyon; otros se pusieron a trabajar en Givors, Lille, Nancy, Autun, Limoges, Burdeos y Toulouse. Los sacerdotes se involucraron en la construcción de grandes represas.

La mayoría de las órdenes religiosas se interesaron por el apostolado de los trabajadores. Los Hermanitos de Jesús del padre Foucauld, bajo el mandato del hermano René Voillaume, en un principio se establecieron en Al-Abiodh (Argelia) como una comunidad de clausura, y durante más de diez años vivieron en el desierto y la soledad contemplativa siguiendo esencialmente los dictámenes y la forma clásica de la clausura. Necesitaron un lento proceso para encontrar la forma, nueva en la Iglesia, de su vocación de congregación religiosa, a saber, contemplativa para insertarse en medios no cristianos, entre los desheredados del mundo y en el mundo obrero. En pocas palabras, «*au coeur des masses*»[1]. Esto será, sobre todo, tarea de la posguerra, que es cuando entra en juego Jacques Maritain, si bien, anteriormente, durante el período de clausura, la fraternidad de El-Abiodh quería ir lo más lejos posible

---

[1] R. VOILLAUME, *Au coeur des masses. La vie religieuse des petits frères du Père de Foucauld*, Cerf, París 1961 (trad. esp., *En el corazón de las masas*, San Pablo, Madrid 2011).

en su deseo de «inculturación», no solamente espiritual, sino también humana y religiosa. Y fue el hermano André, amigo de Maritain, el encargado de elaborar un texto sobre este tema hacia 1935-36, en referencia a dos textos de Maritain, *Religión y cultura y Del régimen temporal y de la libertad.* Posteriormente, el impacto del libro *Francia, ¿país de misión?* (1943) y la guerra de independencia de Argelia (1954-1962) hicieron que surgieran fraternidades en medio de los más pobres asumiendo la condición de obreros[2].

Claroscuros de esta experiencia eclesial

A medida que se desarrolló la experiencia, los interesados se dieron cuenta de la imposibilidad de incorporar a los nuevos cristianos a las parroquias tradicionales. No se podía pedir a los nuevos conversos que observaran estrictamente las reglas religiosas exigidas a los católicos de nacimiento y educación. Se manifestaron tensiones y fricciones entre las parroquias tradicionales y la misión.

Estas comunidades en plena acción laboral fueron, sin embargo, apoyadas por movimientos intelectuales y teológicos que expusieron con audacia las teorías que justificaban y facilitaban el trabajo de los sacerdotes obreros. Por otro lado,

---

[2] Cf J. L. Vázquez Borau, *Jacques Maritain y Carlos de Foucauld,* Digital Reasons, Madrid 2023.

hubo compromisos inevitables: los sacerdotes-obreros gradualmente terminaron por asumir responsabilidades materiales, sindicales y luego políticas, por el hecho mismo de que la organización más representativa resultó ser, en la gran industria, la CGT de ideología comunista. Hay que tener en cuenta que en 1938, en determinadas diócesis de Occidente, se negaba la absolución a los trabajadores afiliados a la CGT.

Los sacerdotes obreros europeos fueron una inspiración para la teología de la liberación. El cardenal Emmanuel Suhard había fundado la Misión de Francia permitiendo a algunos sacerdotes trabajar en las fábricas para acercarse al mundo obrero. El célebre dominico Jacques Loew trabajó como descargador de barcos en los muelles del puerto de Marsella, así como el sacerdote Michel Favreau, muerto en un accidente de trabajo. En 1950 se publicó el libro del padre Godin: *Francia: ¿tierra de misión?* Sin embargo, los curas obreros fueron acusados de comunistas y denunciados en Roma por actividades subversivas. Eran los años en que Madeleine Delbrêl hacía su experiencia entre los obreros de Ivry. En 1954 Pío XII pidió a todos los sacerdotes obreros que regresaran a su trabajo pastoral anterior en las diócesis o que se incorporaran a sus comunidades religiosas.

Los sacerdotes obreros fueron rehabilitados en 1965 después del concilio Vaticano II. Madeleine rezó por la situación de estos sacerdotes y los invitó a la obediencia y a la unión: «Durante diez años, no solamente con nuestro corazón, sino con toda nuestra esperanza cristiana, hemos visto crecer como un brote las jóvenes Misiones de Francia. Sin duda porque era frágil, este brote está tan herido que el dolor de nuestro corazón pone a nuestra esperanza en la tentación. Todos sabemos que en la hora actual mucha gente sufre y reza»[3].

Esta es la valoración de los «curas obreros» del obispo Pedro Casaldáliga: «Los curas obreros significan una experiencia revulsiva en eclesialidad, en ministerialidad y en solidaridad; y convocan, hoy todavía más que ayer, para otra eclesialidad, otra ministerialidad y otra solidaridad. Con ellos la Iglesia salía al encuentro y sin banderas, despojada; haciendo de la Encarnación el gran paradigma pastoral. Esos sacerdotes se hacían pueblo, renunciaban al estatus clerical. Esos sacerdotes obreros fueron el primer gran intento de desclericalización del clero, entendido el clericalismo como distancia y privilegio, en la Iglesia y en la sociedad. Un intento, además, que comportaba la mayor credibilidad, porque los sacerdotes obreros asumían la condición obrera, con los riesgos y compromisos concretos del trabajo y sus luchas y sus organizaciones»[4].

---

[3] M. DELBRÊL, «Nosotros, gente común y corriente», en *Textos misioneros*, Lumen Humanitas, Buenos Aires 2008, 148.
[4] «Epílogo» al libro de J. PÉREZ PINILLOS, *Los curas obreros en España*, Nueva Utopía, Madrid 2004.

Jacques Loew y Madeleine Delbrêl

Jacques Loew nació en Clermont-Ferrand, Francia, en 1908 y se convirtió al catolicismo a la edad de veintiséis años. Poco después ingresó en la Orden de los Dominicos. Más tarde, siendo ya sacerdote, trabajó como cargador en los muelles de Marsella al tiempo que colaboraba con Louis-Joseph Lebret, dominico también, en el proyecto de Economía y Humanismo. En 1943 visitó la comunidad de Madeleine y comenzó entre ellos una colaboración y amistad estrechas. Ambos eran conversos y nunca cuestionaron a ese Dios que los había sorprendido y del que decían «estar seguros». Ambos estaban devorados por el celo de dar a conocer a este Dios, especialmente entre los incrédulos abandonados por la Iglesia oficial, la cual adulaba más a los ricos que a los proletarios.

Un sacerdote obrero

De 1941 a 1954 trabajó como cargador en los muelles de Marsella, convirtiéndose en un sacerdote obrero. Fruto de aquella experiencia es su librito *En misión proletaria*[1], en el que llamaba a la evangelización de los ambientes obreros. En 1943 conoció a Delbrêl, una persona con quien confrontar su vida, de modo que a partir del primer encuentro en Ivry, nació entre ambos una amistad profunda que les unió de por vida. Manifestó esa amistad divulgando y promoviendo sus escritos, así como también estudiando y sintetizando su pensamiento. A partir de 1947 asumió la parroquia de La Cabucelle. La cuestión de los curas obreros explotó entre 1953 y 1954. Roma puso fin a la experiencia de los sacerdotes obreros y fue un tema doloroso para ambos. Protestaron contra este abandono, sin que Madeleine cambiara un ápice su estilo de vida habitual, mientras Jacques, muy hábilmente, hacía frente a esta prohibición inventando los MOPP, la Misión Obrera de san Pedro y san Pablo, unos equipos misioneros que incluían a hermanos que trabajaban en fábricas, en la construcción o en responsabilidades pastorales, cuya finalidad era anunciar el mensaje cristiano mediante una vida pobre y fraternal, fundada en la contemplación y en el

---

[1] J. Loew, *En mission prolétarienne*, Éditions Ouvrières, París 1946.

trabajo manual[2]. Loew y Delbrêl se convirtieron en buenos amigos y colaboradores. En 1957 fue nombrado párroco de Port-le-Bouc[3].

Misioneros sin zarpar

Jacques escribió los primeros *Cahiers Fêtes et Saisons* y Madeleine publicó su prolífica prosa, inigualable por su sencillez, profundidad y poesía. De esta manera, ambos se constituyeron como «misioneros sin zarpar». Para anunciar el Evangelio les bastaba bajar las escaleras del metro o compartir el trabajo de un estibador de Marsella. No pactaron con el marxismo, pero sí establecieron relaciones de solidaridad humana con los hombres y mujeres que vivían en estos ambientes.

Loew era un teólogo profundamente comprometido con la vida real. Creía que la teología debía estar al servicio de la acción social y que los cristianos debían estar dispuestos a ensuciarse las manos para ayudar a los pobres y marginados. Loew también era un defensor de una espiritualidad encarnada. Creía que la oración y la contemplación no debían ser actividades separadas de la vida cotidiana, sino que debían estar integradas

---

[2] ID, *Diario de una misión obrera*, Sígueme, Salamanca 1962, 1967.

[3] Cf I. HUSILLOS TAMARIT, *Profeta del Evangelio en tierra extraña. Madeleine Delbrêl*, en Revista de Espiritualidad 64 (2005), en https://www.revistadeespiritualidad.com/upload/pdf/1784articulo.pdf.

en el trabajo y el servicio a los demás. En 1943 Madeleine publica *Misioneros sin barco* donde explica su manera de evangelizar: «No hay misión sin partida, sin franquear la frontera cristiana allí donde estamos»[4]. Es el mismo año en que los sacerdotes Henri Godin e Yvan Daniel publican *Francia, ¿país de misión?* sobre la no creencia en el mundo obrero, y el cardenal Emmanuel Suhard lanza la Misión de París. Madeleine estuvo involucrada en estos movimientos y en la crisis de los sacerdotes obreros de 1952-1954.

Un testimonio radical

A finales de la década de 1960, Jacques Loew daba charlas en la televisión francesa, que después se recogieron en un librito[5]. En enero de 1970 fue designado para dirigir los ejercicios espirituales en el Vaticano ante el papa Pablo VI y toda la Curia, durante el mes de febrero, según el método empleado en la Escuela de la Fe, fundada y dirigida por él en 1969 (Friburgo, Suiza), basada en la escucha asidua de la palabra de Dios. Ese año fue también galardonado con el Gran Premio Católico de Literatura. Como hombre de diálogo, supo ser un apóstol de Cristo y trabajar con sus

---

[4] M. DELBRÊL, *Misioneros sin barco*, Monte Carmelo, Burgos 2011, 42.

[5] J. LOEW, *Si conocieras el don de Dios*, Verbo Divino, Estella 1971.

hermanos. Sus obras fueron traducidas y comenzaron a escribir sobre él. Jacques Loew es quien, desde una conciencia militante, más ha difundido la figura de Madeleine Delbrêl. Incluso en el retiro que dio a la Curia vaticana en 1970, en presencia del papa Pablo VI, habló de ella: «Ayer os hablaba de Madeleine Delbrêl, esa mujer tan extraordinaria, cuyos libros habéis leído: *Nosotros, gente común y corriente* y *La alegría de creer*, que es un inagotable modelo, a mi parecer, de alguien de hoy en pleno ambiente de ateísmo»[6]. Incluye a Madeleine entre «los grandes orantes» y se siente discípulo de la escuela por ella creada. En 1981 se retiró a la Trapa de Cîteaux y murió a los noventa años, dejando un legado de escritos teológicos y espirituales, así como una comunidad de seguidores que continúan trabajando para encarnar su visión de una Iglesia comprometida con el mundo.

---

[6] ID, *Ese Jesús al que se llama Cristo (Mt 1,16). Retiro en el Vaticano (1970)*, Euramérica, Madrid 1971.

La actividad pastoral de Madeleine Delbrêl

Hasta 1946, en que decide dedicarse a tiempo completo a su comunidad, Madeleine desplegó una actividad incansable en los servicios sociales, primero privadamente y luego en cargos públicos, con diferentes administraciones, marxistas y anti-marxistas, siendo respetada por todos. En 1937 obtuvo con la nota máxima el diploma de asistente social. Su tesis *Amplitud independiente del servicio social* fue publicada inmediatamente. En 1938 publicó *Nosotros, gente común y corriente*, en la revista Études Carmelitaines. El 21 de septiembre de 1939 fue nombrada asistente social de la comuna de Ivry. En 1940, la administración comunista es destituida en Ivry y Madeleine coordinará todo el servicio social. Cuando regresaron los comunistas, en 1944, continuó su trabajo colaborando con ellos.

Colaboración con los comunistas

Madeleine se pone al servicio de la ciudad con su entrega y su competencia como asistente social. Su compromiso le llevó a formular acciones públicas de defensa y apoyo de las víctimas de injusticias de todo tipo: gestiones, firma de cartas, creación de grupos de resistencia o de lucha, etc. En el ayuntamiento de Ivry, Madeleine era cada día más apreciada como colaboradora y amiga. En este contexto es inevitable que una persona de la lucidez de Madeleine se interesase a fondo por el marxismo. La cercanía con las personas y la comunión en las opciones sociales le facilitó el acceso al diálogo franco y profundo[1].

Entre los temas predilectos de Madeleine podemos hallar en sus reflexiones los siguientes: el Evangelio, la obediencia, la pobreza, la soledad, la pureza, el amor, el silencio, la oración, la humildad, la espiritualidad laical o la contemplación[1].

Madeleine se resiste a la «tentación marxista»: trabaja codo con codo con todos, pero desde su amor por Jesucristo y la Iglesia. Su fidelidad al Papa la llevó, en agosto de 1952, a peregrinar a Roma con el fin de rezar en San Pedro por la renovación misionera que había surgido en Francia, para que permaneciera en la unidad de la Iglesia. En 1953, realizó una nueva peregrinación en

---

[1] Cf J. Mª. RAMBLA, *Madeleine Delbrêl. La utopía del evangelio a pie de calle*, en Sal Terrae 1016, tomo 86 (octubre de 1998) 751-752.

medio de la crisis del movimiento de los sacerdotes obreros, para interceder por ellos ante Pío XII. Tal vez, sin Jean Guéguen, Madeleine solo habría ido a Roma a rezar. Para ella eso era lo esencial. Pero Jean le había dado una nueva misión, poniéndola en contacto con Pío XII y con el obispo Veuillot. A partir de entonces, Madeleine fue a Roma cada año durante los siguientes diez años. Guéguen le había ayudado a concretar ese «indispensable ir y venir entre la jerarquía y los fieles», sin el cual la misión no podría prosperar. Sobre todo y más allá de eso, Jean fue también el amigo inesperado durante los años más difíciles, de 1955 a 1958, cuando La caridad de Jesús estaba en crisis y el apoyo a Madeleine se había esfumado. Fueron entonces cuatro los que ayudaron a Madeleine, cuatro personas providenciales, mientras Madeleine vivía con gran dificultad este tiempo de gran dolor y aislamiento[2]. El padre Jean se convirtió en el hombre de confianza y el facilitador de los contactos cada vez que iba Roma. Visitaba con frecuencia el número 11 de la calle Raspail, en Ivry, era como un familiar de los Grupos de Madeleine Delbrêl. Después de la muerte de Madeleine, el 13 de octubre de 1964, fue el primer postulador de su causa de beatificación.

En 1961 abrieron una fraternidad en Costa de Marfil, adonde viajará Madeleine a pesar de no encontrarse bien de salud. En 1962, le pidieron

---

[2] J. Guéguen, *Madeleine Delbrêl. Una mistica nel mondo,* Massimo, Milán 1997, 66-67.

un trabajo sobre las formas de ateísmo contemporáneo con vistas al Concilio. Madeleine envió el dossier *Ateísmo y evangelización* pocos días antes de la apertura conciliar. Su libro *El Evangelio en la calle*, que se publicó en 1946, donde Delbrêl expone su visión de una Iglesia que está presente en el mundo y que se compromete con los pobres y los marginados, tuvo una gran influencia en los Padres conciliares, especialmente entre aquellos que estaban a favor de una reforma de la Iglesia. La influencia de Madeleine Delbrêl en el concilio Vaticano II fue significativa. Su obra inspiró a los Padres conciliares para adoptar una postura más abierta y ecuménica de la Iglesia.

Un testimonio laical

Madeleine Delbrêl, por su actividad incansable, por sus contactos eclesiales, con políticos de una amplia gama, por sus conferencias a sacerdotes, equipos apostólicos, etc., como por sus escritos, es probablemente una de las mujeres que más ha contribuido al desarrollo de la espiritualidad laical en la Iglesia. Uno de los ejemplos es el cardenal Carlo Maria Martini, propagador del pensamiento y de la dinámica cristiana de Madeleine Delbrêl, en el marco de los Ejercicios Espirituales impartidos a un grupo de sacerdotes italianos en la década de 1980 y al clero de Venezuela en Caracas en 1993. En ambos encuentros ponía el cardenal su atención sobre las agudas reflexiones de Madeleine acerca de la soledad que sufre el apóstol de Cristo, circunscribiendo las referencias al ambiente propio de los sacerdotes diocesanos a quienes se dirigía. Para Delbrêl, «la soledad que tantas veces Dios logra regalar magnánimamente al cristiano, me parece que es una especie de sacramento para el mundo; es una de las fisuras más profundas que, a través de nosotros, permite al Señor que su redención se infiltre en la tierra»[3]. El tema de la soledad, propuesto por M. Delbrêl entre las notas que ella tomaba mientras daba las charlas y conferencias, ha atraído a otros lectores conquistados por esta mujer laica, humilde y sencilla. En *Ville marxiste, terre de mission*, Madeleine cree que, cuando una ciudad secular alcanza la cima de la negación de Dios, Él está presente en ella a través de la fuerza solitaria del testimonio. Así se expresa: «Estar en el mundo, metidos en el mundo, como parcelas de humanidad entregada en todas sus fibras, ofrecida y expropiada. Ser islotes de residencia divina en medio del mundo. Asegurarle un sitio a Dios»[4].

---

[3] Cf B. Pitaud, *Prier 15 jours avec Madeleine Delbrêl*, Nouvelle Cité, Bruyères-le-Châtel 2016 (trad. esp., *Orar con Madeleine Delbrêl*, PPC, Madrid 2018).
[4] M. Delbrêl, *Las comunidades según el evangelio*, PPC, Madrid 1998, 26.

Un testimonio profético

Su testimonio para la vida religiosa es mixto: una comunidad laical de «activas» muy contemplativas. Las palabras de Madeleine Delbrêl vienen a ser una profecía en los nuevos tiempos del pensamiento débil, el cual motiva el olvido del consejo petrino: estar «siempre dispuestos a dar respuesta a todo el que os pida razón de vuestra esperanza» (1Pe 3,15). Entre sus causas hallamos la deshumanización y despersonalización ocasionadas en el seno de los «desiertos humanos» que son las ciudades, los desiertos urbanos[62]. Pues bien, Madeleine se dirige a todos los damnificados de esos desiertos para consolarlos, renovar sus fuerzas y reanudar el empeño de afrontar la vida: desde el Evangelio y las armas que allí se ofrecen (cf Ef 6,11.14-18). Para Madeleine, «hay un sufrimiento obrero que lleva en todas partes el mismo nombre. Ya se trate de Santiago o de Juan, del estibador o el minero, el blanco, el negro o el amarillo, es una violencia sufrida, una servidumbre, una pobreza, el peso de un desprecio»[5].

A Madeleine, en su camino espiritual, le impulsan e inspiran los hombres y mujeres centrados en Dios y portadores de una delicadeza extrema hacia los otros. Entre estos destacan Teresa de Jesús, Juan de la Cruz, Francisco de Asís, Teresa de Lisieux y Carlos de Foucauld;

---

[5] ID, «Nosotros, gente común y corriente», en *Textos misioneros*, Lumen Humanitas, Buenos Aires 2008, 100.

además del inicio de las fraternidades. Como ella misma dice: «Me gusta la vida de esos santos que saben unir el hacha del leñador con los libros, las tareas pequeñas junto a esa otra inmensa que los posee: el amor de Dios»[6]. A Teresa de Lisieux le dedica su libro *Misioneros sin barco*, ya que representa para ella la centralidad indivisible del amor a Dios y al prójimo. Madeleine se siente muy próxima a los misioneros, pero considera que la eficacia de la misión no se juzga por la extensión ni por la amplitud del campo de apostolado, porque existen vocaciones misioneras que lo son en profundidad y que se realizan en un espacio determinado. Del *Poverello* le atrae a Madeleine su confianza en el Evangelio y la manera de sumergirse en la vida simple y luminosa de Dios. De Carlos de Foucauld le impacta su hermandad universal.

---

[6] ID, «Éblouie par Dieu. Correspondance I: 1910-1941», en *Oeuvres complètes* vol. I (Col. «Spiritualité»), Nouvelle Cité, Montrouge 2004, 151.

Una Iglesia que se construye

¿De qué modo construir la Iglesia según Madeleine Delbrêl? Sitúa cuatro momentos: primero hay que «hacer lugar a Dios». No necesariamente un gran lugar. Basta dejar que Él se abra una brecha y entre en nuestra vida. Segundo: para construir la Iglesia hace falta situarse. No en cualquier lugar ni en todo el espacio, sino allí donde el Espíritu abrió su brecha. A veces hemos confundido el espíritu de ir a todos los pueblos con ocupar territorialmente todo el mundo, cuando de hecho, hay lugares donde hay que permanecer y otros de los que hay que irse y sacudirse hasta el polvo de las sandalias, al menos hasta que venga un tiempo favorable. En tercer lugar, para construir la Iglesia hay que profundizar. Profundizar en la oración y en la conversión. Por último, para construir la Iglesia hay que incluir a todos.

Madeleine descubre a un Señor que está del lado de la vida. Un Dios que no niega la danza, la poesía, la música, la literatura, el teatro, la filosofía, etc. De esta manera cada minuto de la vida adquiere una importancia singular. Así se expresa:

Para ser un buen bailarín, aquí como en cualquier otro lugar, no tenemos por qué saber adónde lleva esto. Hay que seguir, ser alegre, ser ligero y sobre todo no estar rígido. No debemos pedirte explicaciones sobre los pasos que deseas seguir. Debemos ser como una extensión, ágil y vivaz de ti, y recibir a través de ti la transmisión del ritmo de la orquesta. No debemos pretender avanzar a toda costa, sino aceptar girar o ir hacia un lado. Hay que saber detenerse y deslizarse en lugar de caminar, pues solo serían pasos estúpidos si la música no los armoniza.

Pero nos olvidamos de la música de tu espíritu, y hacemos de nuestra vida un ejercicio gimnástico; olvidamos que en tus brazos, ella danza, que tu santa Voluntad es una inconcebible fantasía, y que solo hay monotonía y enojo para aquellas viejas almas que se quedan cruzadas de brazos en el baile alegre de tu Amor. Señor, ven e invítanos. Estamos listos para bailar para ti con este recado que hacer, estas cuentas, la cena que preparar, esta noche donde tendremos sueño. Estamos listos para bailar para ti la danza del trabajo, la del calor, luego la del frío. Si ciertas melodías no acostumbran a tener mucho movimiento, no te diremos que son tristes; si otras nos dejan un poco sin aliento, no te diremos que son molestas. Y si la gente nos empuja, nos lo tomaremos a broma, sabiendo muy bien que siempre sucede mientras bailamos.

Señor, enséñanos el lugar que, en este eterno romance iniciado entre tú y nosotros, contiene el baile singular de nuestra obediencia. Revélanos la gran orquesta de tus designios, donde lo que tú permites arroja notas extrañas a la serenidad de lo que tú quieres. Enséñanos a vestir cada día nuestra condición humana como un vestido de gala, que nos hará amarte, viendo todos sus detalles como joyas indispensables. Haznos vivir nuestra vida, no como una partida de ajedrez donde todo está calculado, no como un partido donde todo es difícil, no como un teorema que nos rompe la cabeza, sino como una fiesta interminable donde tu encuentro se renueva, como un baile, como una danza, en los brazos de tu gracia, en la música universal del Amor.

Señor, ven e invítanos[1].

Dejar espacio a Dios

El Evangelio se abrió paso en la vida de Madeleine no como una luz que viene de lo alto y entra en la oscuridad de un bosque, sino como una luz que «estalla», como una onda expansiva de luz que se expande desde dentro hacia fuera. De la

---

[1] M. DELBRÊL, *Prière à Dieu le Père (Oración a Dios Padre)*, en https://www.jubilate-deo.com/2023/12/22/etreinte-de-feu-334-madeleine-delbrel/.

misma manera Madeleine concibe la misión del cristiano, como dar vida y salud al que nunca la tuvo o ya no la tiene. Afirma: «Si los cristianos deben recibir la gracia en ellos, rezar y sufrir para que la evangelización del mundo sea eficaz, para que los pecadores sean curados, esto no puede eximirlos de ser, cada uno en la frontera con el no creyente, con el que delimita una brecha para el Evangelio»[2]. Recibir la gracia en uno mismo para ser brecha, para que la gracia llegue a los demás. E importa también discernir dónde está ya operante la luz del Evangelio: «Discernir en toda persona lo que es luz, incluso fragmentaria, incluso distorsionada. Ser conscientes de que es difícil arrancar la cizaña sin arrancar el trigo bueno. Buscar poner en toda persona siempre más y más grano bueno, sin ocuparse de la cizaña. Respetar a cada uno: no ensuciar su ideal a causa de sus desencantos o rencores. No combatir contra el mal, sino sembrar un poco de vida donde se encuentra el mal, ya que el mal es ausencia de bien».

Madeleine Delbrêl colabora con los comunistas trabajando por la justicia social, pero es consciente de que no debe callar sobre la esperanza que la anima: «Yo creo, y quizás sea una herejía sociológica, que el comunismo es el producto de un cristianismo traicionado por nosotros. En algunas naciones, clases y razas, multitud de personas han visto, cada uno a su manera, el comunismo como

_____

[2] ID, *La alegría de creer*, Sal Terrae, Santander 1997, 209ss.

una posible realización de una esperanza del corazón humano: la esperanza de los pobres»[3].

Cómo no oír aquí un eco de la voz del papa Francisco, que invita a toda la Iglesia a una conversión pastoral y misionera, a estar al servicio de los heridos por la vida, haciéndose semejante a un hospital de campaña: «Prefiero una Iglesia accidentada, herida y manchada por haber salido a la calle antes que una Iglesia enferma por el encierro y la comodidad de aferrarse a las propias seguridades. Si algo debe inquietar nuestra conciencia es que haya tantos hermanos nuestros que vivan sin la fuerza, la luz y el consuelo de la amistad con Jesucristo»[4].

Situarse donde el Espíritu abre una brecha

Madeleine fue una mujer situada, que encontró su lugar en el mundo y allí echó raíces y fructificó. Se fue a vivir a las barriadas pobres porque la Palabra, para ser experimentada, escuchada y entendida, necesita este espacio de proximidad y cercanía. Es en medio de los hombres donde Dios quiere estar. Para Madeleine se trata de ir a vivir allí para sembrar bien donde hace falta. No se trata de ir a arrancar la cizaña, sino a sembrar(se) como un poco de trigo bueno. Es todo lo contrario de alejarse del mundo e ir al desierto para

---

[3] *Ib*, 197.
[4] *Ib*, 49.

vivir allí la propia santidad. Así se expresa: «Para cumplir tu obra sobre la tierra, tú, Señor, no tienes necesidad de nuestras acciones sensacionales, sino de un cierto volumen de acatamiento amoroso, de un cierto grado de obediente docilidad, de un cierto peso de ciego abandono, situado no importa dónde en medio de la multitud de los hombres. Y si en un solo corazón se encontraran juntos todo este peso de abandono, este acatamiento amoroso y esta docilidad, el aspecto del mundo cambiaría, ciertamente. Porque este solo corazón te abriría el camino, se convertiría en la brecha para tu invasión, en el punto débil donde cedería la rebelión universal»[5].

A partir de 1933, cuando se establece en Ivry, Madeleine pasa de la idea de una «misión en extensión», yendo a lugares lejanos, desarraigos, con nuevas fundaciones, a lo que ella llama una «misión en profundidad». Esto lo expresa muy bien refiriéndose a Teresa de Lisieux: «Quizás Teresa de Lisieux, patrona de todas las misiones, fue designada para vivir al comienzo de este siglo un destino en el cual el tiempo estaba reducido al mínimo, los actos reconducidos a lo minúsculo, el heroísmo era indiscernible a los ojos que lo ven, la misión estaba limitada a un metro cuadrado: y esto para que nos enseñase que ciertas eficacias se escapan a la medida del reloj, que la visibilidad de los actos no siempre los recupera, que a las misio-

[5] *Ib*, 53.

nes en extensión se estaban por agregar aquellas en intensidad que van al fondo de las almas humanas, las misiones en profundidad, allí donde el espíritu del hombre interroga al mundo y oscila entre el misterio de un Dios que lo quiere pequeño y despojado y el misterio del mundo que lo quiere poderoso y grande. Prueba evidente de que consolidar un compromiso misionero con el marxismo no es algo accesorio, un refuerzo artificial, sino un retomar las fuerzas vitales en el lugar mismo en que se quiere minar la fe»[6]. Para Delbrêl se trata de una cuestión de amor. El que está enamorado profundiza todo el día en el deseo de encontrar a la persona amada y no pierde la oportunidad de tener un encuentro porque sea breve; al contrario, si se trata de un encuentro casual, en el que se tiene poquísimo tiempo, se aprovecha mejor, y da una alegría más grande que si se hubiera planeado y se contara con todo el tiempo del mundo. Y así se expresa: «Harían falta muchísimos ejemplos para hacer comprender que en el Evangelio no es el tiempo o el lugar lo que más cuenta. Entre personas que se aman, el tiempo que han tenido para decírselo a veces ha sido brevísimo. Cada uno ha tenido tal vez que salir a trabajar o a cumplir con una obligación. Pero ese trabajo y esa obligación no habrán sido ese día otra cosa que el eco de las pocas palabras dichas con amor en pocos minutos. Si hemos perdido a alguien a quien amamos y nos

[6] M. DELBRÊL, *Noi, delle strade*, Gribaudi, Milán 1969, 11-12.

encontramos con una carta suya o con alguna nota que nos dicen un poco de su vida nos parece haber encontrado un tesoro. Y nuestro espíritu queda verdaderamente colmado con este tesoro. Y si por casualidad estas notas hablaran acerca de lo que esta persona amada pensaba de nosotros, lo que deseaba que nosotros hiciéramos, esas palabras se convertirían en nuestro pensamiento dominante. El Evangelio es un poco todo esto para nosotros o, al menos, debería serlo. Si queremos estudiarlo desde el punto de vista histórico o teológico el Evangelio requerirá tiempo. Pero si en el Evangelio buscamos algo del Señor vivo que todavía ignoramos: su Palabra, su pensamiento, su modo de obrar, aquello que quiere de nosotros; en fin, algo de él mismo, este "él mismo" que buscamos en todos los lugares donde él nos dice que está, y que nunca encontramos tanto como querríamos, para esto, no es tiempo lo que necesitamos. Más exactamente, necesitamos de todo nuestro tiempo, en un cierto sentido. En efecto, vivir no exige tiempo: se vive todo el tiempo, y el Evangelio debe ser, ante todo, vida para nosotros. Para que las palabras del evangelio, que hemos leído, rezado y que quizá, hemos estudiado, puedan realizar su trabajo de vida en nosotros, es necesario llevarlas con nosotros todo el tiempo preciso para que la luz que les es propia nos ilumine y vivifique»[7].

---

[7] Id, *La alegría de creer, o.c.,* 219-220.

Incluir a todos

El modelo de inclusión para construir la Iglesia se lo ofrece el hermano Carlos de Foucauld ya que: «El amor a Jesucristo lleva al amor a todos nuestros hermanos. Sin esperar resultados, sin alterarse por su total fracaso; conserva su paz cuando, después de pasar toda su vida en el desierto, su único balance es la conversión, no muy firme, de un africano y de una anciana. Ama por amar, porque Dios es amor y está en él, y porque amando "hasta el extremo" a todos los suyos, imita, en la medida de lo posible, a su Señor»[8]. «Señor, haz que todos los humanos vayan al cielo»[9], es la primera oración que se propone enseñar a los catecúmenos que nunca tendrá. Para Madeleine los cristianos tienen que estar presentes en todo sufrimiento y así, «será preciso encontrar en nosotros el verdadero alimento para todos los que tienen hambre; el hogar del sin hogar; el peregrinaje por prisiones y hospitales; la amistad con cada pecador, con los mal vistos; la cercanía con todas las debilidades y la atracción de las oscuridades. El cristiano que viva así en la ciudad experimentará con todo su ser la fuerza del amor evangélico. La realidad de este amor estallará fuera de él como una evangelización, y en su interior como una iluminación»[10].

---

[8] *Ib*, 40-41.
[9] *Ib*, 42.
[10] M. DELBRÊL, *Indivisible amour: pensées détachées inédites*, Centurion, París 1991, 128.

Para Madeleine es clave aceptar la inevitable soledad: «El conocimiento de un ser revela casi siempre, como una pena de la que uno no puede consolarse, una inevitable soledad anclada en la vida de cada uno y esterilizante mientras no haya sido aceptada como algo elegido»[11]. Pues nadie puede contener plenamente nuestra vida y es precisamente ahí donde experimentamos que somos sostenidos y conocidos por Otro. Madeleine distingue entre una soledad saludable y una soledad centrada en el ego: «Varias horas de falsa soledad son para el alma menos reposo que un instante en tu presencia»[12]. Pero reconoce que en algunos momentos esta soledad será «cruelmente costosa: cuando queramos compartir una gran alegría o un enorme cansancio»[13].

Madeleine en su «Liturgia de los sin oficio», una noche en que va con sus compañeras a un café y contempla a tantas personas que «solo están allí por no estar en otro sitio», reza así:

Nos has traído esta noche a este café llamado Claro de luna, donde has querido ser tú en nosotros durante algunas horas esta noche. Has querido encontrar a través de nuestros ojos que no saben ver, a través de nuestros corazones que no saben amar, a todas esas personas que han venido a matar el tiempo. Y porque tus ojos

---

[11] ID, *La alegría de creer, o.c.,* 103.
[12] *Ib,* 100.
[13] *Ib,* 103.

despiertan en los nuestros, porque tu corazón se abre en nuestro corazón, sentimos como nuestro débil amor se abre en nosotros como una rosa espléndida, se profundiza como un refugio inmenso y acogedor para todas esas personas cuya vida palpita a nuestro alrededor. Entonces el café ya no es un lugar profano, un rincón de la tierra que parecía darte la espalda. Atrae todo hacia ti en nosotros. Atrae a esos seres desplomados, aislados detrás de una mesa, atráelos en nosotros para que aquí te encuentren. Dilata nuestro corazón para que quepan todos; grábalos en ese corazón para que queden inscritos en él para siempre[14].

El trabajo por hacer real esta inclusión de todos será lo que dé la medida y las estructuras de la construcción. El uno a uno es un universal concreto: es por donde se desborda la misericordia de Dios.

---

[14] *Ib*, 206-208.

Espiritualidad laical

Madeleine Delbrêl es probablemente una de las mujeres que más ha contribuido al desarrollo de la espiritualidad laical en la Iglesia. Y ello, tanto por su actividad incansable, por sus contactos con jerarcas y hombres de Iglesia en general, con políticos de una amplia gama, por sus conferencias a sacerdotes, equipos apostólicos, etc., como por sus escritos. En opinión de H. U. Von Balthasar, «en un país no cristiano una madre Teresa puede colocar para la Iglesia un signo visible en el mundo entero; en una ciudad descristianizada y dominada por los comunistas, una Madeleine Delbrêl puede, con verdadera infalibilidad, mostrar a los sacerdotes desorientados el camino cristiano a seguir»[1]. Lo mostró y algunos sacerdotes le siguieron.

---

[1] H. U. Von Balthasar, *Teodramática* III. *Las personas del drama: el hombre en Cristo*, Encuentro, Madrid 1993, 414-415.

En el tiempo de Delbrêl se tendía a disociar la vida espiritual entendida como vida contemplativa y vida activa. Como si se tuviese que elegir entre ser como Marta o como María del evangelio, en lugar de entender la vocación cristiana como la suma de ambas actitudes. Para Madeleine Delbrêl, «ningún instante del día ni ningún lugar de la ciudad es ya profano. No se trata de escapar de los inconvenientes diarios para poder orar, sino de encontrar el modo de provocar la oración, de aprender a levantar en la vida diaria pequeños santuarios». Hasta el metro puede convertirse en un lugar sagrado, y un café con los ruidos de la ciudad puede ser la más extraordinaria de las liturgias. Se trata de una espiritualidad encarnada. Para Madeleine, «nosotros, gente de la calle, creemos con todas nuestras fuerzas que esta calle, que este mundo donde Dios nos ha puesto, es el lugar de nuestra santidad. Creemos que no nos falta nada de lo necesario pues, si algo nos faltara, Dios ya nos lo habría dado»[2]. Y, para Delbrêl, el corazón con la cruz clavada, que llevaba puesto en su hábito Carlos de Foucauld, es el símbolo de la caridad total: «Esta cruz es verdaderamente el eje de su corazón, el sólido eje alrededor del cual va a organizarse su amor universal»[3].

---

[2] M. Delbrêl, *La santidad de la gente sencilla*, Monte Carmelo, Burgos 2011, 24.
[3] *Ib*, 114.

Hacer camino al andar

Madeleine animaba a sus compañeras laicas a avanzar sin mapa para el encuentro con el Señor por el camino, sin conocer el final del mismo, que solo conoce el Espíritu. Se hace camino al andar, escuchando a los otros y a Dios mismo. Vivimos la existencia de manera verdaderamente cristiana cuando lo hacemos en actitud de descubrir las huellas del Creador en la trama de cada jornada. Para Madeleine es importante anhelar el encuentro, frente al activismo que se apodera de todo eludiendo el silencio interior y la experiencia espiritual orante. Es Dios mismo quien prepara con amor el desarrollo de cada jornada, hora tras hora, y nos da una nueva cita en cada circunstancia y en cada cosa que hacemos[4].

Las palabras de Madeleine Delbrêl vienen a ser una profecía en los nuevos tiempos del pensamiento débil. Entre sus causas hallamos la deshumanización y despersonalización ocasionadas en el seno de los «desiertos humanos» que son las ciudades, los desiertos urbanos. Madeleine se dirige a todos los damnificados de esos desiertos para consolarles, renovar sus fuerzas y reanudar el empeño de afrontar la vida desde el Evangelio. Fue un testimonio incomprendido por propios y

---

[4] Cf G. Mª OTALORA, *Santidad de la puerta de al lado*, en Religión Digital (25 de noviembre de 2023), en https://www.religiondigital.org/punto_de_encuentro/Santidad-puerta-lado_7_2618508129.html.

extraños, por los cristianos y por los ateos. En un medio extraño, la ciudad marxista. Este fue el foco de atención de la obra que llegó a publicar: *Ciudad marxista, tierra de misión. Provocación del marxismo a una vocación por Dios* (1957). En medio de un mundo abandonado a sí mismo, brillaba una llama bajo la fuerza del Evangelio y con la perseverancia de la oración, la llama de la caridad, de Madeleine, que experimentaba un contraste entre sus hermanos cristianos y sus amigos marxistas. Y su testimonio es doble, denunciando el absurdo del marxismo y, a su vez, la incoherencia de los cristianos que no viven el Evangelio.

Fue tan intensa esta experiencia del Dios secular para Madeleine que no podía sino leer el Evangelio desde esta clave, llegando a afirmar que «la revelación esencial del Evangelio es la presencia dominante e invasora de Dios»[5]. Esta experiencia la lleva a tal profundidad que es capaz de elevar esta intercesión: «Nos has traído esta noche a este café llamado Claro de luna, donde has querido ser tú en nosotros durante algunas horas esta noche. Has querido encontrar a través de nuestras miserables apariencias, a través de nuestros ojos que no saben ver, a través de nuestros corazones que no saben amar, a todas estas personas que han venido a matar el tiempo. Y porque tus ojos despiertan en los nuestros, porque tu corazón se abre en nuestro corazón, sentimos cómo

---

[5] *Ib*, 168.

nuestro débil amor se abre en nosotros como una rosa espléndida, se profundiza como un refugio inmenso y acogedor para todas estas personas cuya vida palpita a nuestro alrededor. Entonces el café ya no es un lugar profano, un rincón de la tierra que parecía darte la espalda. Sabemos que por ti nos hemos convertido en un centro de carne, en un centro de gracia, que se obliga a girar en torno a ti, a orientarse a pesar suyo, en plena noche, hacia el Padre de toda vida. En nosotros se realiza el sacramento de tu amor. Nos unimos a ti con toda la fuerza de nuestra oscura fe; nos unimos a ellos con la fuerza de este corazón que late por ti; te amamos, los amamos, para que de todos nosotros se haga una sola cosa. Atrae todo hacia ti en nosotros... Dilata nuestro corazón para que quepan todos; grábalos en ese corazón para que queden inscritos en él para siempre. Y nuestros corazones irán dilatándose, cada vez más abrumados por el peso de los múltiples encuentros, cada vez más abrumados por el peso de tu amor, llenos de ti, poblados de nuestros hermanos los hombres. Mientras tú sigues visitando en ellos la lúgubre tierra, ellos, contigo, suben al cielo, están condenados a una penosa asunción, envueltos de barro, abrasados por tu espíritu, unidos a todos, unidos a ti, encargados de respirar en la vida eterna como árboles por sus raíces enterradas»[6].

---

[6] M. Delbrêl, *La alegría de creer*, Sal Terrae, Santander 1997, 205-208.

Madeleine nos enseña que en cualquier lugar podemos, por unos instantes, hacernos presentes a través de pequeños huecos de tiempo: «Nuestras idas y venidas, aunque sean tan breves como pasar de una habitación a otra, los momentos en los que nos vemos obligados a esperar, ya sea para pagar en una caja, o para que el teléfono esté libre, o para que haya sitio en el autobús, son momentos de oración preparados para nosotros, en la medida en que nosotros estemos preparados para ellos»[7]. Delbrêl con estos actos tiene un sentimiento de presencia. Y afirma: «No sé si mi experiencia personal constituye una ley general. Pero para mí estos actos relámpago de oración me han despertado el deseo. Me han vuelto a poner en contacto con la fuente, con el "yacimiento de agua viva"; me han agudizado la necesidad de extraer de él cada vez más y más; de alguna manera, me han iluminado las posibilidades de su multiplicación y me han probado que lo que me proporcionaban era realmente vital, necesario»[8].

Pobreza apostólica

Para Madeleine, Carlos de Foucauld ha resucitado para nosotros «la figura *fraterna* de Jesús en Palestina, que acoge en su corazón, a lo largo de los caminos, a obreros y sabios, judíos y gentiles,

---

[7] *Ib*, 219.
[8] *Ib*, 238.

enfermos y niños, tan sencillo que a todos les resulta inteligible. Nos enseña que, al lado de los apostolados necesarios, en los que el apóstol debe impregnarse del medio que tiene que evangelizar y con el que casi tiene que desposarse, hay otro apostolado que requiere una simplificación de todo el ser, un rechazo de todo lo adquirido anteriormente, de todo nuestro yo social, una pobreza que da vértigo. Esta especie de pobreza evangélica o apostólica nos da una disponibilidad total para reunirnos en cualquier sitio con cualquiera de nuestros hermanos, sin que ningún bagaje innato o adquirido nos impida correr hacia él. Al lado del apostolado especializado, se plantea la cuestión del *todo a todos*»[9]. La espiritualidad que destilan los escritos de Madeleine y el olor a Cristo que ha dejado su persona en las que la conocieron, manifiesta la fidelidad a la desmesura del Evangelio que la lleva a luchar por la justicia hasta las últimas consecuencias, dentro y fuera de la Iglesia, la profundidad de la fe que llega a conmover corazones, la coherencia entre palabra y vida que hacen que su comunión con la Iglesia sea veraz y creíble, en absoluto criticable o menospreciable. Madeleine fue una gran colaboradora y, a la vez, una fuerte contrincante tanto de los ateos comunistas como de los cristianos aburguesados: su vida dejaba al descubierto las incoherencias sangrantes de las vidas ajenas. Por eso recibió al

---

[9] ID, «Por qué amamos al padre de Foucauld», en *La alegría de creer, o.c.*, 45.

principio pedradas de los comunistas y críticas de los cristianos acomodados, que se convirtieron en amistad y colaboración con los unos y en el hecho de promover su beatificación con los otros.

El proceso de conseguir un corazón pobre y manso a la luz de las Bienaventuranzas se hace segundo a segundo, minuto a minuto, día a día. Para Delbrêl esto se consigue «como el hilo de lana blando y flexible teje punto a punto la labor con las agujas que lo guían, también las fibras de nuestro corazón, bajo la influencia de nuestra voluntad, se suavizan y doblegan. En esos juicios sobre nosotros mismos en los que nos cuesta reconocer nuestro semblante, en esos pequeños o grandes dolores que merodean en nuestro interior a lo largo de los nervios, dejemos que se devane nuestra vida. Dejemos que los minutos se alarguen, uno tras otro, en la red providencial con que envuelves todo lo tuyo»[10].

En una meditación escrita entre los años 1946 y 1948, titulada «Pobreza del que va», Madeleine pone en escena a un interno de un asilo que sale a la calle. Este hombre simboliza para ella la verdadera pobreza. Es como una parábola. El protagonista iba y pasaba por entre las cosas y las personas ligero, desposeído, como el creyente, que siempre ha de salir a la calle y caminar al encuentro de los hombres, particularmente de aquellos que no lo aman: «Llevaba ropa ordinaria,

---

[10] Id, *La alegría de creer, o.c.*, 53.

que no se distinguía de otra. Sus ojos miraban al frente con una claridad que se contagiaba a las cosas. La calle entera rejuveneció, parecía existir por primera vez»[11]. Para Madeleine Delbrêl, «la misión comienza en el misionero mismo, que debe dejarse evangelizar por la Palabra, dejarse convertir, si quiere anunciar el Evangelio a los demás no solo con sus labios, sino con su vida». Madeleine expresa así su convicción: «La palabra de Dios no se lleva a los extremos del mundo en una maleta: se lleva con uno mismo, se lleva dentro. No se puede ser misionero sin haber hecho en uno mismo esta acogida sincera, generosa, cordial de la palabra de Dios, del Evangelio. Y, cuando la tenemos dentro de esta manera, llegamos a estar capacitados para ser misioneros»[12].

La oración es un encuentro con el Dios vivo

Para Madeleine es en la oración donde se nos aproxima Jesús. En una charla que dio a sus compañeras de comunidad en 1956[13], Madeleine hace unas reflexiones muy hermosas y prácticas acerca de saber aprovechar los momentos en que se nos vuelve cercano Jesús haciendo lugar a Dios en la

---

[11] B. Pitaud, *Orar con Madeleine Delbrêl*, PPC, Madrid 2018, 21.
[12] F. Gilles-B. Pitaud, *Madeleine Delbrêl poeta, asistente social y mística*, PPC, Madrid 2019, 7.
[13] *Ib*, 209ss.

profundidad. Es en la oración donde maduran la apertura del Reino y nuestra capacidad para entrar en él. Madeleine afronta un problema muy actual: no tenemos ni espacios ni tiempos adecuados para rezar. No los tenemos tal como los imaginamos cuando pensamos cómo deberían ser un lugar y un tiempo de oración, según una imagen un poco idealizada de la vida contemplativa. Un ejemplo de cómo Madeleine se sitúa ante el nuevo día, lo tenemos en esta plegaria:

Empieza un día más. Jesús quiere vivirlo en mí. No está encerrado. Ha caminado entre los hombres. Conmigo está entre los hombres de hoy. Va a encontrarse con cada uno de los que entren en casa, con cada uno de los que me cruzaré en la calle, otros ricos distintos de los de su tiempo, otros pobres, otros sabios y otros ignorantes, otros niños y otros ancianos, otros santos y otros pecadores, otros sanos y otros inválidos. Todos serán los que él ha venido a buscar. Cada uno, el que él ha venido a salvar. A quienes me hablen, él tendrá algo que responder. A quienes tengan carencias, él tendrá algo que dar. Cada uno existirá para él como si fuera único. Tendrá que vivir su silencio en el ruido. Impulsará su paz en el tumulto. Jesús no ha cesado de ser en todo el Hijo. Quiere seguir en mí, unido al Padre, dulcemente unido en cada segundo, como un corcho en el agua. Manso como un cordero ante la voluntad del Padre. Todo será posible con su presencia, todo será posible y exigirá que yo diga que sí. El mundo en que él me pone para estar conmigo no puede impedirme estar con Dios; como un niño en brazos de su madre, aunque ella camine entre la multitud. Jesús no ha dejado ser enviado a todas partes. Nosotros no podemos dejar de ser en cada instante los enviados de Dios al mundo. Jesús no deja de ser enviado en nosotros, a lo largo de este día que comienza, a toda la humanidad de nuestro tiempo, de todos los tiempos, de mi cuidad y del mundo entero. A través de los hermanos de nuestro prójimo a los que nos hará servir, amar y salvar, las oleadas de su caridad partirán hasta el fin del mundo, irán hasta el fin de los tiempos. Bendito sea este nuevo día, que es alegría para toda la tierra, porque en mí Jesús quiere vivirlo de nuevo[14].

Madeleine es considerada por muchos como una mística contemporánea. Es una figura especialmente evocadora para el laicado porque desarrolla una «mística de lo cotidiano»: aprovecha cualquier lugar y momento para rezar, desde la espera al metro en el andén a la subida a casa por las escaleras. Intentará vivir la oración continua del corazón, «prefiriendo a Dios» en los momentos que de otro modo se perderían en tonterías. Como ella diría: «La vida está llena de pausas que

---

[14] Disponible en http://obispadodetenerife.es/wp-content/uploads /2020/04/MADELEINE-DELBR%C3%8AL-EL-NUEVO-DIA.pdf.

podemos descubrir o malgastar». Estos momentos breves de oración consiguen reorientar su jornada y hacerla desear momentos de mayor duración y recogimiento, siendo consciente de la dificultad, al ser una laica en el mundo, sin los tiempos de silencio establecidos de la vida religiosa.

Madeleine propone «respiraderos capaces de restablecer nuestro contacto con Dios»[15], los cuales se alcanzarán a través de las «perforaciones». La perforación significa amar a Dios allí donde estemos, desear de corazón encontrarnos con Él, desear amarle con toda la fuerza del corazón. Esta voluntad-amor, que nos da a Dios, puede concretarse en la espera del metro o del autobús o en el tiempo durante el que nos transportamos en ellos, en cualquier espera cotidiana, en el moverse de un sitio a otro, dentro de un edificio o en la calle, en medio de un descanso laboral o del estudio...[16]. «Son momentos de oración preparados para nosotros, en la medida en que nosotros estemos preparados para ellos. Y es que estos pequeños huecos existen para todo el mundo»[17]. Podemos o bien aprovecharlo o bien soñar con nuestras cosas, estar pendientes de la publicidad de las calles o pensar en nuestras preocupaciones.

Madeleine nos hace ver que la oración es encuentro con el Dios vivo: cuando rezamos «nos

---

[15] M. DELBRÊL, *La alegría de creer, o.c.,* 217.
[16] Cf *ib,* 218-219.
[17] *Ib,* 219.

encontramos al Cristo vivo»[18]. Y para las personas vivas siempre hay tiempo y espacio para el encuentro. En la oración el deseo de Jesús, de su calidez y de su energía vital, es el que crea espacios de oración y hace que se encuentren momentos de encuentro pleno donde sea que se esté. La bondad del corazón, esto es algo imprescindible en la espiritualidad de Madeleine. «La bondad del corazón que viene de Cristo, dada por él, es para el corazón no creyente o indiferente el sabor desconocido de Dios». Madeleine intentará transmitir por contagio que es posible una vida mística dentro del ritmo de la ciudad: «Poder recorrer todas las calles, sentarse en todos los metros, subir todas las escaleras, llevar al Señor Dios a todas partes»[19]. Repite incansablemente que la oración es el mayor bien que podemos dar al mundo y que, para que exista y actúe en la realidad, hay que proporcionarle un tiempo que le pertenezca, reconocerle un tiempo exclusivo[20].

Madeleine busca la soledad interior necesaria en medio de las realidades ordinarias y sencillas: «Hay que aprender a estar solo cada vez que la vida nos reserva una pausa. Y la vida está llena de pausas que podemos descubrir o malgastar»[21]. Madeleine, al igual que Carlos de Foucauld,

---

[18] *Ib*, 214.

[19] M. DELBRÊL, *Misioneros sin barco*, Monte Carmelo, Burgos 2011, 63.

[20] M. LÓPEZ VILLANUEVA, *Madeleine Delbrêl. Una mística de la proximidad*, Sal Terrae, Santander 2019, 96.

[21] M. DELBRÊL, *La alegría de creer, o.c.*, 100.

recurre constantemente a los evangelios. Y por esto afirmaba: «¿Cómo podemos no evangelizar cuando el Evangelio está en nuestra piel, en nuestras manos, en nuestros corazones, en nuestras cabezas?»[22].

---

[22] *Ib*, 166.

Conclusión

«¿De dónde le viene a Madeleine Delbrêl su irradiación, la fuerza de atracción que ejerce Madeleine? Hay una sola respuesta: la irradiación de Madeleine Delbrêl es fruto directo, único y puro de su pensamiento, tal y como ha sido divulgado con sus tres libros póstumos: *Nous autres, gens de rue*[1], *La joie de croire*[2] y *Communauté selon l'Évangile*[3].

Su vida está marcada por tres conversiones, tres "momentos decisivos", por utilizar sus propias palabras:

a. La primera y muy evidente, "cuando una conversión violenta siguió a una búsqueda razonable". Madeleine tenía entonces veinte años.

---

[1] M. DELBRÊL, «Nosotros, gente común y corriente», en *Textos misioneros*, Lumen Humanitas, Buenos Aires 2008.

[2] ID, *La alegría de creer*, Sal Terrae, Santander 1997.

[3] ID, *Las comunidades según el Evangelio*, PPC, Madrid 1998.

b. La segunda fue "la explosión del Evangelio, el librito hecho, no para ser leído, sino para ser recibido en nosotros". Madeleine tenía entonces veinticinco años.

c. La tercera conversión: "El ateísmo: medio favorable para nuestra propia conversión". Este "momento decisivo" se prolongará treinta años, desde 1933 hasta su muerte.

Para Madeleine, la conversión "es un momento decisivo que nos aparta de lo que sabemos de nuestra vida para que, cara a cara con Dios, Él nos diga lo que piensa de ella y lo que quiere hacer con ella. En ese momento, Dios nos resulta sumamente importante, más que cualquier cosa, más que cualquier vida, incluso y sobre todo la nuestra. Sin esta primacía extrema y deslumbradora de un Dios vivo, de un Dios que nos interpela, que propone su voluntad a nuestro corazón libre de responder 'sí' o 'no', no hay fe viva. Pero si este encuentro es el deslumbramiento de todo nuestro ser por Dios, tal deslumbramiento, para ser totalmente verdadero, debe ser totalmente oscuro. Tener una fe viva es ser cegado por ella, a fin de ser conducido por ella. Pero aceptar esta 'luz negra' nos resulta difícil. En la escuela de Ivry (la del ateísmo) se aprende que la conversión y su violencia duran toda la vida. De la vida nueva, del mundo nuevo, en los que la 'luz negra' nos guía, tendemos siempre a hacer nuestra antigua vida y un mundo hecho por una mano de hombre: una vida en la que la fe no trastorna nada, un mundo al que la fe se aferra sin dificultad"[4].

La primera conversión estuvo marcada por el deslumbramiento de Dios. La segunda, por el encuentro con el "Verbo de vida hecho carne en nosotros", "el Señor". La tercera, la de Ivry, por el choque con un mundo "que prescinde sin problemas de Dios, y donde nada ni nadie parece echarle en falta", y consistió en la toma de conciencia del "carácter desmesurado de la fe": "La fe es un estado violento normal". Pues bien, estas tres conversiones son justa y obligatoriamente necesarias para acoger al mundo tal como se presenta ante nosotros en su tercer milenio después de Jesucristo»[5].

A través de este recorrido vital de Madeleine Delbrêl hemos podido captar su espiritualidad de lo cotidiano, descubrir su capacidad de discernimiento en medio de todas las situaciones dramáticas a las que se enfrentó y conocer la inserción comunitaria en la que se desarrolló su camino. También hemos podido descubrir la profundidad mística de su experiencia espiritual, su producción poética, la presencia constante de la enfermedad personal y familiar, las importantes responsabilidades asumidas en el campo de los

[4] ID, *Nous autres, gens de rues*, Seuil, París 1966, 314.
[5] J. LOEW, *Vivir el Evangelio con Madeleine Delbrêl*, Sal Terrae, Santander 1997, 9-11, cit. en I. HUSILLOS TAMARIT, *Profeta del Evangelio en tierra extraña. Madeleine Delbrêl*, en Revista de Espiritualidad 64 (2005).

servicios sociales, el papel jugado en la renovación misionera francesa, en particular en el diálogo con los militantes comunistas, y su sabio equilibrio en el acompañamiento espiritual. Para Madeleine Delbrêl, «lo esencial de esta vida, su razón de ser y su alegría, eso sin lo cual nos parecería vana, es el don de nosotros mismos a Dios en Jesucristo. Dejarnos sumergir en el misterio de la vida divina. Creer por el mundo, esperar por el mundo, amar por el mundo»[6].

En 1997, el obispo de Créteil, François Frétellière, en una pequeña publicación con el título *Cruce de caminos*, hablaba de los dinamismos de Madeleine Delbrêl, y los resumía en seis puntos:

1. Es en la vida ordinaria donde Madeleine quiere vivir su fe, su misión; y donde quiere encontrar los caminos de la santidad.
2. La carta magna del cristiano es el Evangelio.
3. Madeleine, por tanto, considera que lo esencial es vivir en lo cotidiano la fraternidad de la calle, el amor concreto de toda persona que sale a nuestro encuentro.
4. Madeleine se dirige de manera natural hacia aquellos que no comparten nuestra fe.
5. Para mantenerse firme en esta situación del creyente en medio de una sociedad que discurre por otro camino, la oración es totalmente necesaria.

---

[6] M. DELBRÊL, *Las comunidades según el evangelio, o.c.*, 26.

6. Y, como colofón, su fidelidad sin «fisuras» a la Iglesia, condición indispensable para quien quiere ser fiel a Jesucristo, al Evangelio, a la fe y a la misión.

En la Exhortación apostólica del papa Francisco *Evangelii gaudium (La alegría del Evangelio)*, sorprende ver la concordancia de mirada misionera entre Madeleine Delbrêl y el Papa. Madeleine y sus hermanas oyeron la llamada del Señor a salir de París para ir a vivir en Ivry-sur-Seine en medio de los más pobres, en el seno de una ciudad popular obrera. Madeleine Delbrêl es una de las santas de la puerta de al lado de las que siempre habla el Papa; una mujer que situó su vida en medio de las barriadas pobres marxistas y ateas. Es la mujer que, para escuchar a Dios, no se va al desierto de arena, sino al desierto de las multitudes, en medio de la calle, al metro, a los barrios más pobres: va con la actitud de la que quiere ser hermana de todos y servir a todos y, escuchando a cada uno, aprender a escuchar la voz de Dios, que habla siempre a través de los más pequeños y abandonados. Madeleine Delbrêl muere repentinamente en su mesa de trabajo, en 1964, cuando estaba a punto de cumplir los sesenta años, durante el transcurso de la última etapa del concilio Vaticano II. En 1996 fue declarada Sierva de Dios. En Ivry, hoy en día, su memoria sigue viva.

Epílogo. Por qué amamos al padre Foucauld

Madeleine Delbrêl falleció el 24 de octubre de 1964. Había nacido en 1904. En el Boletín trimestral de los Amigos de Carlos de Foucauld hay un artículo muy interesante sobre este aniversario. He aquí algunos extractos, traducidos del francés:

> Asistenta social, poeta y mística, Madeleine Delbrêl vivió en Ivry-sur-Seine (barriada parisina de Francia), barriada marxista, tierra de misión, como ella llamaba a Ivry en uno de los títulos de su libro. Ella testifica sin ruido, con algunas compañeras, su fe cristiana y su fidelidad a la Iglesia. Con su equipo, lee y relee los escritos de Carlos de Foucauld que están ya publicados, y redacta en noviembre de 1946 un artículo para una revista de los padres Dominicos.
>
> He aquí algunos párrafos de ese artículo, «Por qué amamos al padre de Foucauld»:

«La considerable influencia que el "hombre del desierto" tuvo sobre nuestro tiempo fomentó un buen número de vocaciones contemporáneas. La amplia síntesis que representa su vida explica por qué vidas tan dispares pueden reclamarse de él. ¡Por sí mismo él es la reunión de tantos contrastes!

Necesidad absoluta de oración delante de Dios; don sin medida a todo ser que lo solicita. Imitación cándida de la vida de Cristo en Palestina, de sus gestos, de sus actos; conocimiento de su ambiente y adaptación a él.

Amor apasionado del prójimo más próximo; amor fiel a cada instante por la humanidad entera.

Una reconstitución tan tierna de la casa de Nazaret alrededor de una hostia expuesta; "recorridos de amistad" por las pistas saharianas.

Obstinación heroica en una vocación diseñada con dureza; comprensión y preparación de la vocación del otro.

Dedicación al trabajo manual; perseverancia incansable en un trabajo de erudición.

Deseo incesante de una familia espiritual; vocación divina a una soledad de la que la muerte será su culminación.

¡Cómo sorprenderse de que tantos que actualmente se entregan a Dios reconozcan su llamada y encuentren su modelo en estos cruces de gracias que fue su vida, cualquiera que sea el modelo de este don!

Del padre de Foucauld hemos aprendido que, si para darse al mundo entero hay que aceptar romper tantas amarras para dejarse "llevar", no es necesario que este dejarse llevar esté contenido entre los muros de un monasterio. Puede hacerse marcando una clausura con piedras secas sobre la arena; puede hacerse en una caravana africana; puede realizarse en una de nuestras casas, en uno de nuestros talleres, mientras se sube una escalera, en un autobús; este dejarse llevar lo encontramos aceptando la estrechez, la incesante clausura del amor del prójimo más cercano. Dar a cada uno de los que nos acercamos la totalidad de una caridad perfecta, dejándose encadenar por esta dependencia constante y devoradora, vivir de forma natural el Sermón de la montaña, eso es dejarse llevar, la puerta estrecha que desemboca en la caridad universal.

Nos ha enseñado a estar perfectamente contentos de ocupar un lugar en este cruce de vida, dispuestos a amar a cualquiera que pase y a través de él todo aquello que, en el mundo, está sufriendo, perdido o en tinieblas. Él nos ha explicado que en su magnífica gratuidad reside la soberana eficiencia y que asumir que no vemos nada de lo que hacemos, sino que amamos de igual forma y para siempre, es el mejor camino para salvar a alguien, en cualquier lugar de la tierra»[1].

---

[1] Boletín trimestral de los Amigos de Carlos de Foucauld 153-154 (2004), recogido en Fraternidad Secular Carlos de Foucauld (https://carlosdefoucauld.es/Noticias/Nint2004d.htm).

Cronología[1]

24 de octubre de 1904
Nacimiento en Mussidan (Dordogne).

<small>LOS AÑOS DE JUVENTUD</small>
1904-1916
Vive a merced de los destinos de su padre, revisor en los trenes entre París y Orleans.
Frecuenta la Institution Sainte Solange de Châteauroux y recibe clases particulares.
1915
Primera Comunión en Montluçon.
1916-1921
Se muda a París. Su padre es nombrado jefe de las estaciones parisinas de la línea de Sceaux.
Frecuenta tertulias en casa de un agnóstico. Se interesa por el arte, la literatura y la filosofía. Escribe poemas.

---

[1] Tomada de https://www.madeleine-delbrel.net/international/en-espanol/madeleine-delbrel-una-vida-en-algunas-fechas.

1922-1924

Escribe: «Dios ha muerto, viva la muerte. Hay que tener el valor de ya no vivir más como si Él viviera».

Conoce a Jean Maydieu, estudiante de l'École Centrale. La relación que tienen se interrumpe cuando él quiere abrazar la vida religiosa. Muy afectada, prosigue su camino hacia la fe hasta su conversión el 29 de marzo de 1924.

Se impregna de escritos religiosos, redacta un ensayo sobre el arte y la mística. Recibe clases de dibujo.

1926

Frecuenta la parroquia Saint Dominique de París.

Conoce al padre Jacques Lorenzo, capellán de los Scouts.

Recibe el Premio Sully Prudhomme por sus poemas.

1927

Renuncia a entrar en el Carmelo por razones familiares.

Publica sus poemas con el título de *La route* en las Éditions A. Lemerre.

1928

Se compromete con el escultismo.

Comisaria de los exploradores de Francia de París.

1931

Obtiene su diploma de enfermera.

1932

Ingresa en la École pratique de Service social.

Con jefas de lobatos, crea un grupo nombrado La
 caridad de Jesús y esboza un proyecto de
 vida comunitaria.

Salida hacia el cinturón rojo

Octubre de 1933

A petición del párroco de Ivry, toma a cargo, con
 Suzanne Lacloche y Hélène Manuel, un
 centro social parroquial ubicado en el barrio
 de Le Plateau. Descubre la realidad social y
 política del municipio. Organiza una acogida
 cotidiana, visita a las familias y estudia para
 ser asistente social.

Noviembre de 1933

Secretaria de la Union des œuvres publiques et
 privées de Ivry.

1934

Empieza un período de dos años de prácticas
 como asistente social asalariada por la
 parroquia.

1935

Comienza a vivir en la casa del «11 Rue Raspail»,
 cercana al ayuntamiento.

1936

Participa en las acciones del comité de ayuda a
 los parados, cuyo presidente es el alcalde
 comunista, Georges Marrane, y cuyo vicepresidente es Jacques Lorenzo, que ha sido
 nombrado párroco de Ivry.

1937

Primera de su promoción, recibe su diploma de asistente social.

Publicación de su tesina titulada *Ampleur et dépendance du service social.*

1938

Hace un viaje de estudios a Alemania.

Publica con el título *Nous autres, gens des rues* un artículo que define la espiritualidad de La caridad de Jesús.

ASISTENTE SOCIAL

Septiembre de 1939

Participa en la evacuación de la población de París.

Nombrada asistente social del Office de protection de la maternité et de l'enfance del Sena en Ivry.

Junio de 1940

Nombrada por el departamento del Sena delegada técnica del servicio social para el cantón de Ivry.

1941

Contratada por los servicios sociales de la région de París, empleada a media jornada por el Secours National. Coordina los servicios sociales existentes en el municipio con el servicio social municipal.

Publicación de su libro *La femme et la maison.*

Escribe *Aux travailleuses sociales. Veillée d'armes*, publicado por las Éditions Bloud.

En Lisieux conoce a Louis Augros, encargado de crear el seminario de la Misión de Francia, que forma a sacerdotes para la evangelización de las regiones descristianizadas.

Su experiencia de vida comunitaria y sus textos contribuyen a definir su línea.

1942

Nombrada consejera municipal en calidad de persona «capacitada para ocuparse de las obras privadas de asistencia y beneficencia».

Miembro del comité de enlace entre los servicios sociales del departamento del Sena. establece estructuras para las familias, en contra del paro y para la formación de las mujeres jóvenes.

Ayuda a familias de fusilados, de deportados y de prisioneros.

1944

Organiza servicios de emergencia después del bombardeo alemán del 26 de agosto que azota la ciudad.

Entrega a Venise Gosnat, vicepresidente del comité local de Libération, un estudio sobre el servicio social.

Sigue ejerciendo la función de delegada técnica con aprobación de Georges Marrane, alcalde de Ivry.

Escribe textos sobre la formación, la contratación y la función de los asistentes sociales.

1945

Dimite de su empleo con un año de preaviso, el 1 de octubre.

Cesa definitivamente su actividad profesional en octubre de 1946.

Se centra en la organización de La caridad de Jesús, compuesta por unas quince mujeres que viven en comunidad.

Empieza a escribir meditaciones espirituales bajo forma poética: *Bal de l'obéissance, Liturgie des Sans-Office, Le nouveau jour...*

1949

Toma posición a favor de Miquel Grant, resistente, condenado por haber participado en una ejecución en 1944.

1951

Redacta una carta a los cristianos de España para protestar contra la inculpación de los «34 de Barcelona» condenados a muerte por haber fomentado una huelga.

1952

Crea la cooperativa de confitería Ibéry con Carmen Cuevas y Alberto Codina, refugiados políticos españoles supervivientes de los campos de Ravensbrück y Mauthausen.

Participa en las gestiones para impedir que tenga lugar en la España de Franco el Congreso eucarístico mundial.

Peregrina a Roma durante la crisis de los sacerdotes obreros, a los que apoya a pesar de las divergencias sobre sus formas y ámbitos de acción.

1953

Se compromete para obtener la exención de la condena para Ethel y Julius Rosenberg, comunistas neoyorquinos juzgados culpables de espionaje en beneficio de la Unión Soviética y condenados a la pena capital.

Conoce a Pío XII.

MARXISMO, ATEÍSMO Y COMPROMISO

1954

Primera conferencia sobre el marxismo ante sacerdotes de París.

1956

Entrega al cardenal Veuillot, responsable de La caridad de Jesús, apuntes sobre las relaciones entre los marxistas y los cristianos. Numerosas conferencias fuera de la capital.

1957

Publicación de su libro *Ville marxiste, terre de mission,* en las Éditions du Cerf.

1958

Octava peregrinación a Roma.

Publicación de la Regla de La caridad de Jesús.

1959

Firma una carta con miembros del Movimiento por la Paz de Ivry, que pide el inicio de negociaciones para conseguir la paz en Argelia.

1960

Participa en el congreso de Pax Christi, movimiento católico internacional para la paz, en Ginebra.

1961

Viaja a Polonia.

Conferencia sobre el marxismo: *Espoir marxiste et espérance chrétienne*.

1962

Va a Abiyán (Costa de Marfil), donde Suzanne Perrin y Guitemie Galmiche, miembros de La caridad de Jesús, ya se han instalado.

Le solicitan un trabajo sobre los ateísmos contemporáneos con vistas al concilio Vaticano II.

1963-1964

Escritos y conferencias sobre el ateísmo.

16 de septiembre de 1964, última conferencia: «La lección de Ivry. Ámbito ateo, tierra de nuestra propia conversión».

13 de octubre de 1964

Muere en Ivry-sur-Seine, en la casa del «11 Rue Raspail», en su escritorio.

Bibliografía

BAZIN R., *Charles de Foucauld, explorateur du Maroc, eremite au Sahara*, Librairie Plon, París 1921.

BOTEY J., *Curas obreros. Compromiso de la Iglesia con el mundo obrero* (Cuadernos CJ 175), Cristianisme i Justicia, Barcelona 2011.

CASALDÁLIGA P., «Epílogo» a J. PÉREZ PINILLOS, *Los curas obreros en España*, Nueva Utopía, Madrid 2004.

CASTRO CUBELLES C., «Prólogo» a la edición española de *Vida y corrientes en la espiritualidad contemporánea* L/I, XIX-XX, en AA.VV., *Historia de la espiritualidad* I, Flors, Barcelona 1969.

DELBRÊL M., *Alcide: guide simple pour simples chrétiens* (Col. «Livre de vie» n° 133), Seuil, París 1980; *Ampleur et dépendance du service social*, Bloud et Gay, París 1937; *Communautés selon l'Évangile*, Seuil, París 1973 (trad. esp., *Las comunidades según el evangelio*, PPC, Madrid 1998); «Éblouie par Dieu. Correspondance I: 1910-1941», en *Oeuvres complètes* I (Col. «Spiritualité»), Nouvelle Cité, Montrouge 2004; *La Femme et la maison*, Les Éditions du Temps Présent, París 1941; «Humour dans l'amour: Méditations et fantaisies», en *Oeuvres complètes* III, (Col. «Spiritualité»), Nouvelle Cité, Montrouge 2005 (trad. it., *Umorismo nell'amore. Meditazioni e poesie*, Gribaudi, Milán 2011); *Indivisible amour: pensées détachées inédites (textes choisis et présentés par C. de Boismarmin)*, Centurion, París 1991 (bibliografía en pp. 131-133); *La Joie de croire*, Seuil, París 1968 (recopilación de textos escritos entre 1935 y 1964 y extraídos en parte de varias revistas y publicaciones); *Madeleine Delbrêl. La Route*, Alphonse Lemerre, París 1927 (Premio Sully Prudhomme 1926); *Missionaires sans bateau. Les racines de la mission*, Parole et silence, Saint-Maur 2000 (trad. esp., *Misioneros sin barco*, Monte Carmelo, Burgos 2011); «Le Moine et le nagneau», en *Oeuvres complètes* IV (Col. «Spiritualité»), Nouvelle Cité, Montrouge, 2006[21]; «Nous autres, gens des rues», en *Textes missionnaires* (Col. «Livre de vie» n° 107), Seuil, París 1966 (trad. it., *Noi, delle strade*, Gribaudi, Milán 1969; trad. esp., «Nosotros, gente común y corriente», en *Textos misioneros*, Lumen Humanitas, Buenos Aires 2008); «S'unir au Christ en plein monde. Correspondance II: 1942-1952», en *Ouvres complètes* II (Col. «Spiritualité»), Nouvelle Cité, Montrouge 2004 (trad. it., *Insieme a Cristo per le strade del mondo* II. *Corrispondenza 1942-1952*, Gribaudi, Milán 2008); *Veillée d'armes. Aux travailleuses sociales* (Col. «Réalités du travail social» n.° 1), Bloud et Gay, París 1942; *Ville marxiste, terre de mission. Provocation du marxisme à une vocation pour Dieu...* (Col. «Foi vivante» n° 129), Cerf, París, 1970 (a la 12.ª edición se le añadió la correspondencia entre M. Delbrêl y Venise Gosnat y dos textos inéditos; reedición: Desclée de Brouwer, París 1995); «La sainteté des gens ordinaires», en *Textes Missionnaires* I, Nouvelle Cité, Bruyères-le-Châtel 2009 (trad. esp., *La santidad de la gente sencilla*, Monte Carmelo, Burgos 2012); *La alegría de creer*, Sal Terrae, Santander 1997; «La vocation de la charité I», en *Oevres complètes* XIII, Nouvelle Cité, Bruyères-le-Châtel 2015; *Athéismes et évangélisation*, Nouvelle Cité, Bruyères-le-Châtel 2020; *Ville marxiste, terre de mission*, Cerf, París 1957; *Mystique et missioneres*, en Études Carmélitains, 23 année, vol. 1 (abril de 1938); «La femme, le prête et Dieu. Au Coeur du mystère intime de l'Église», en *Textes Missionaires* III, Novelle Cité, Bruyères-le-Châtel 2011.

Faccia Serrano E., *Evangelizar a comunistas en la Francia bajo bandera soviética: la audaz* misión de Madeleine Delbrêl, Religión en Libertad (11 de julio de 2018), en https://www.religionenlibertad.com/personajes/308739829/Evangelizar-a-comunistas-en-la-Francia-bajo-bandera-sovietica-la-audaz-mision-de-Madeleine-Delbrel.html.

FARES D., *Madeleine Delbrêl (1904-1964), para construir una Iglesia más amable y amorosa*, en La Civiltà Cattolica (8 de octubre de 2021), en https://www.laciviltacattolica.es/2021/10/08/madeleine-delbrel-1904-1964/.

FOUCAULD C., *Lettres à Henry de Castries*, Grasset, París 1938; *Lettres à mes frères de la Trappe*, Cerf, París 1969; «Ocho días en Efrén», en *Écrits spirituels de Charles de Foucauld, ermite au Sahara, apôtre des touaregs*, J. de Gigord, París 1964.

GILLES F.-PITAUD B.-SPYCKET A., *Madeleine Delbrêl, connue et inconnue*, Nouvelle Cité, Bruyères-le-Châtel 2004.

GILLES F.-PITAUD B., *Madeleine Delbrêl. Poète, assistante social et mystique*, Nouvelle Cité, Bruyères-le-Châtel 2008.

GIRARD J., *Cinquante ans aux frontières de l'Église. De la Mission de France aux équipes d'Ivry*, L'Harmattan, París 1994

GUÉGUEN J., *Madeleine Delbrêl. Una mistica nel mondo*, Massimo, Milán, 1997.

HUSILLOS TAMARIT I., *Profeta del Evangelio en tierra extraña. Madeleine Delbrêl*, en Revista de Espiritualidad 64 (2005), en https://

www.revistadeespiritualidad.com/upload/pdf/1784articulo.pdf.

Loew J., *En mission prolétarienne*, Éditions Ouvrières, París 1946; *Diario de una misión obrera*, Sígueme, Salamanca 1962, 1967; *Si conocieras el don de Dios*, Verbo Divino, Estella 1971; *Ese Jesús al que se llama Cristo (Mt 1,16). Retiro en el Vaticano (1970)*, Euramérica, Madrid 1971; *Vivir el Evangelio con Madeleine Delbrêl*, Sal Terrae, Santander 1997.

Lorda J. L., *¿Francia, tierra de misión? El impacto de una propuesta (1943)*, Omnes, Universidad de Navarra (17 de septiembre de 2021), en https://omnesmag.com/recursos/francia-tierra-de-mision-el-impacto-de-una-propuesta-1943/.

López Villanueva M., *Madeleine Delbrêl, una mística de la proximidad*, Sal Terrae, Santander 2023[7].

Mann C. F., *Madeleine Delbrêl, une vie sans frontières*, Desclée de Brouwer, París 2002.

Maritain J.-Maritain R., *Liturgie et contemplation*, Ad Solem, Brujas 1959.

Naudin M., «Madeleine Delbrêl: de l'Incarnation à la Croix, mystique et engagement dans le désert des villes», en La Vie Spirituelle, 85 (2005) 215-223.

Otalora G. Mª., *Santidad de la puerta de al lado*, en Religión Digital (25 de noviembre de 2023), en https://www.religiondigital.org/punto_de_encuentro/Santidad-puerta-lado_7_2618508129.html.

PABLO VI, *Carta a Mons. Mercier* (1 de diciembre de 1966), en Jesus-Caritas 145 (1967).

PITAUD B., *Prier 15 jours avec Madeleine Delbrêl*, Nouvelle Cité, Bruyères-le-Châtel 2016 (trad. esp., *Orar con Madeleine Delbrêl*, PPC, Madrid 2018); *Madeleine Delbrêl. Poeta, asistente social y mística*, PPC, Madrid 2019.

POULAT É., *Les prêtres-ouvriers. Naissance et fin*, Cerf, París 1999.

RAMBLA J. M.ª, *Madeleine Delbrêl. La utopía del Evangelio a pie de calle*, en Sal Terrae 1016, vol 88 (octubre de 1998).

RECONDO J. Mª., *El camino de la oración en René Voillaume*, Fundación Gratis Date, Pamplona 2002, en Recondo-Voillaume (gratisdate.org).

ROCCHETI D., *Madeleine Delbrêl, una donna di fuoco*, en https://www.amicidilazzaro.it/index.php/madaleine-delbrel-una-donna-di-fuoco/, citado en D. FARES, *Madeleine Delbrêl (1904-1964), para construir una Iglesia más amable y amorosa*, en La Civiltà Cattolica (8 de octubre de 2021), en https://www.laciviltacattolica.es/2021/10/08/madeleine-delbrel-1904-1964/.

RODIER P., *¿Quién es Madeleine Delbrêl?*, en Alfa y Omega 1255 (31 de marzo de 2022).

VÁZQUEZ BORAU J. L., *Jacques Maritain y Carlos de Foucauld*, Digital Reasons, Madrid 2023; *«Consejos evangélicos» o «Directorio» de Carlos de Foucauld*, BAC, Madrid 2005.

Índice